Prof. Dr. Michael Hamm
Jutta Boberg
Dr. Friedhelm Mühleib

DIE SCHÖNHEITS-DIÄT

für gutes Aussehen Gesundheit und Wohlbefinden

Bildnachweis

W. Becker 48/49
P. Dorkenwald 53, 126/127, 128/129, 130/131
Eising Food-Bildagentur 8, 19, 26/27, 28, 44, 77

FREUNDIN / Bermer 9/11 / Elmers 80 / Hopp 78 / Pesel 25 / Speelmann 35

G.P.A.-München 134

Gruner + Jahr-Fotoservice / Elmers 33 / Seer 40/41

IFA-Bilderteam 22
Jahreszeiten-Verlag 6/7
Langnese-Iglo GmbH 101
MAINBILD 74/75, 123

Mosaik Verlag 50/51, 55, 90 r., 92 alle, 94 l., 137 l. + r., 138, 139 l. / Brauner 45, 61, 65, 86/87, 88 l. + r., 89 l., 91 r., 93 l. + M., 94 M., 136 / Diercks 140 l. / Goldmann 97, 98/99, 104, 107, 109, 112, 114 / Möller 12, 137 M., 138 M. + r. / Piepenstock 47 / Schinharl 140 r. / Teubner 89 r., 90 l., 91 l., 93 r., 94 r., 141

TRANSGLOBE-AGENCY 16/17
VPM-Redaktionsservice 38, 116/117, 120, 125

Der Mosaik Verlag ist ein Unternehmen
der Verlagsgruppe Bertelsmann

Layout: Ekkehard Melchert / Ohlsbach
Umschlaggestaltung: Petra Dorkenwald
Umschlagfoto: Jahreszeiten Verlag / Karin Elmers
Reproduktion: artilitho, Trento
Satz: Veit-Rost Typographie, Ingolstadt
Druck und Bindung: Milanostampa S.P.A., Farigliano
Printed in Italy
ISBN 3-576-10082-2

Inhalt

SCHLANKHEITS-DIÄTEN

Pfundige Verluste auch an Schönheitsnährstoffen

Haben Sie schon einmal eine Diät gemacht, um sich einfach fit und rundum wohl zu fühlen? Diät leitet sich nämlich vom griechischen Wort *diaita* ab und bedeutet soviel wie gesunde Lebensweise. Positiv leben – das schließt gesundheitsbewußte Ernährung, ausreichen Schlaf und reichliche Sauerstoffaufnahme duch Bewegung mit ein und ist auch die beste Pflege für die Haut und damit ein gesundes Aussehen. Wie weit hat sich das heutige Diätverständnis aber von diesem ursprünglichen Ziel entfernt?

Wer die Ernährung nur einseitig durch die Kalorienbrille betrachtet, muß mit einem Mangel an den für die Gesundheit wichtigen Schutzstoffen und Schönheitsnährstoffen, wie Vitamine des B-Komplexes, Vitamin A, Eisen und Zink, rechnen. Gerade junge Frauen gelten nach neueren Erkenntnissen als Risikogruppe für eine unzureichende Nährstoffvesorgung. Ihr Ernährungsbewußtsein konzentriert sich nämlich häufig mehr auf Kalorien und Pfunde auf der Waage anstatt auf die Qualität der Lebensmittel, etwa auf die Nährstoffdichte (siehe Seite 52). So sind auch Light-Produkte, die nicht immer wirklich »leicht« im Sinne von kalorienreduziert, sondern allenfalls leichter sind, keine echte Problemlösung. Die Forderung der Ernährungswissenschaft nach mehr Obst und Gemüse anstelle von süßen Produkten läßt sich durch leichte Süßspeisen eben nicht lösen. Diese haben zwar meist weniger Kalorien, der Vitamin- und Mineralstoffgehalt von Obst und Gemüse wird aber nicht erreicht. Gemüse und Obst sind »natürlich leicht« und weisen eine hohe Nährstoffdichte auf, das heißt, das Verhältnis von Vitaminen und Mineralstoffen zum Kaloriengehalt ist optimal. Diese Lebensmittel sollten wir bevorzugt essen – der Gesundheit und Schönheit zuliebe. Die Lösung liegt nicht etwa darin, weniger zu essen, sondern qualitätsbewußter.

Machen Sie also statt der gewohnten Schlankheitskur lieber eine Gesundheitsschutzdiät, die Ihre Abwehrkräfte stärkt, und eine Schönheitsdiät, die der Figur und Haut zugute kommt. Die herkömmlichen Schlankheitsdiäten sind ja wegen ausbleibender Langzeiterfolge ohnehin mehr als fragwürdig. Schließlich sind anfängliche Erfolge solcher Kuren meist nur auf den Flüssigkeitsverlust

Übrigens: Wußten Sie schon, daß die untere Grenze für eine sichere Nährstoffversorgung bei 1500 Kilokalorien liegt?

zurückzuführen, nicht jedoch auf den Abbau von Körperfett. Unter Flüssigkeitsverlusten leidet aber ganz besonders die Haut. Kritisch zu betrachten ist vor allem die Überbewertung der raschen Gewichtsabnahme (»Viele Pfunde in wenigen Tagen«). Dabei ist längst bekannnt, daß schnell heruntergehungerte Pfunde nach Beendigung der Diät auch rasch wieder zugenommen werden.

Ist das Idealgewicht wirklich gesund?

Begriffe wie »Diätmißbrauch« und »kollektives Diätverhalten« bedeuten, daß vor allem Frauen häufig strenge Diäten und Hungerkuren durchführen und sich damit kritiklos einem normativen gesellschaftlichen Schlankheitsideal unterwerfen. Das modische Idealgewicht ist schon lange nicht mehr das gesundheitliche Ideal – vor allem dann nicht, wenn es mit Diätstreß und Krankhungern erkauft wird. Gesundheitlich akzeptabel ist ein Gewicht im Bereich des »Wohlfühl-Gewichts«, das heißt, plus/minus zehn Prozent um das Broca-Normalgewicht (in Kilogramm

= Körperlänge in Zentimetern minus 100). Wer das Broca-Normalgewicht geringfügig überschreitet, sollte allerdings vorsorglich vom Arzt Blutdruck, Blutzucker- und Blutfettwerte kontrollieren lassen. Idealgewichtige, die schlank sind, ohne dauernd Diät halten zu müssen, sollten dabei bleiben. Übergewichtige, die aus gesundheitlichen Gründen abnehmen müssen, sollten lernen, ihre Ernährungsgewohnheiten umzustellen.

In jedem Fall aber gilt: Wenn Sie beim Abnehmen eine gesunde und schöne Haut behalten möchten, sollten Sie sich genügend Zeit lassen.

Das kommt dem dauerhaften Abnahmeerfolg, dem Wohlbefinden, der Leistung und dem gesunden Aussehen zugute.

Je weniger Diäten Sie machen, desto besser und anhaltender ist das Abnahmeergebnis. Diese Einsicht ist der einzige Weg, der Erfolg verspricht und aus der frustrierenden "Schaukelpolitik" von Diät und erneuter Gewichtszunahme und dem Durcheinander von immer neuen Schlankheitssensationen herausführt.

Tatsächlich ist den »Dauerdiätern« im ewigen Auf und Ab durch dick und dünn – die Amerikaner sprechen vom Jo-Jo-Effekt – recht wenig Erfolg beschieden. Größere Gewichtsschwankungen durch ständiges Ab- und Zunehmen strapazieren die Haut. In vielen Fällen tendiert das Gewicht langfristig sogar nach oben. Man wird dann dick durch Diät und nicht selten krank. Im Extremfall können ernsthafte Eßstörungen, wie die *Bulimia nervosa* (Heißhunger mit anschließendem selbstherbeigeführtem Erbrechen) und Störungen im Hormonhaushalt entstehen. Nicht zuletzt resultieren daraus auch Depressionen, die im Lauf der Jahre das Ergebnis mißlungener Abnahmeversuche sind.

Empfehlung für ein auf Dauer erfolgreiches und gesundes Abnehmen

Ein dauerhafter Erfolg läßt sich nur durch langsames Abnehmen – am besten ein bis zwei Pfund pro Woche – erzielen. Die Gründe dafür liegen im Stoffwechsel. Langsames Abnehmen ist auch aus kosmetischen Gründen vorteilhaft (Anpassung der Haut, Vorbeugung von Mangelerscheinungen).

Sparmechanismen während einer Diät

Während der Schlankheitsdiät kommt es häufig zu Stoffwechselanpassungen und -veränderungen

– Rigoroses Kaloriensparen führt zu einer sparsamen Haushaltsführung des Körpers. Das heißt, der Grundumsatz zur Aufrechterhaltung der Stoffwechselvorgänge nimmt bei der »selbstverordneten Hungersnot« allmählich ab.

– Die Verbrennung wird schlechter. Dies zeigt sich auch beim Abnahmeverlauf, dessen Kurve bei gleichbleibender Kalorieneinschränkung schließlich immer flacher wird.

– Je öfter man Diäten macht, desto schwieriger wird das Abnehmen. Die Verbrennung bleibt auch noch einige Zeit nach der Diät auf Sparflamme. Wird jetzt wieder »normal« gegessen, weil man bei der einseitigen Diät nicht gelernt hat, sein Ernährungsverhalten zu ändern, nimmt man besonders rasch wieder zu.

Ihre persönlichen Erfolgsrezepte für Figur, Fitneß und gesundes Aussehen

Während des Abnehmens oder Ihrer Schönheitsdiät sollten Sie von folgenden Nahrungsmitteln weniger essen oder ganz auf sie verzichten:

- Zucker, Honig, Konfitüre
- Süßigkeiten und zuckerreiche Getränke
- Alkoholische Getränke
- Fettreiche und fettreich zubereitete Speisen sowie Speisefette
- Fettreiche Wurst- und Käsesorten
- Chips, Nüsse und Backwaren

Folgende Lebensmittel sind unverzichtbar, denn sie kommen aufgrund ihrer hohen Nährstoffdichte Figur und Haut zugute:

- Vollkornbrot und andere Vollkornprodukte
- Kartoffeln (gekocht, in der Schale oder Folie)
- Gemüse, Salate und Obst
- Trinkmilch und fettarme Milchprodukte
- Mineralwasser und kalorienarme Getränke
- Fisch und Fleisch, fettarm zubereitet

Körperliche Aktivität unterstützt die Ernährungsumstellung

Figur und Fitneß sind vor allem eine Frage von Bewegung und gezielter körperlicher Aktivität. Die Ernährung schafft die Grundlagen für Gesundheit und Leistungsfähigkeit. Aber erst aus der richtigen Kombination von Essen und Trimmen entsteht die bestmögliche persönliche Fitneß und Lebensfreude. Bewegung fördert auch die Durchblutung und damit die Ernährung der Haut. Stubenhockern droht mit der Zeit eine fahle, grobe, unschöne Haut. Beobachten Sie einmal selbst, wie sich ein Spaziergang in frischer Luft auf Ihre Haut auswirkt. Außerdem sind Bewegung, Sauerstoff und Licht wichtige »Stimmungsmacher«, die das Wohlbefinden erheblich steigern.

Wer also nur auf die Waage steigt und Kalorien zählt, hat zu wenig für Figur und Aussehen getan. Ein Sportprogramm, das Spaß macht und ohne Streß und verbissenen Ehrgeiz betrieben wird, ist dabei ebenso wichtig wie die Muße und der Genuß

Gerade wenn man weniger ißt, muß es heißen:

Qualität statt Quantität, damit die lebensnotwendigen Vitamine und Mineralstoffe nicht ins Defizit geraten.

beim Essen und Trinken. Lassen Sie sich von einem Sportlehrer oder Fitneßtrainer im Sportverein oder Fitneßstudio beraten. Einige Anregungen für Ihr persönliches Bewegungsprogramm finden Sie im Kapitel »Ein Wochenende zum Verwöhnen«.

Abschließend erfolgt eine kritische Analyse der bekanntesten Reduktionsmethoden. Ungefähr 300 Schlankheitsdiäten soll es schon geben. Sie lassen sich meist auf wenige Grundprinzipien zurückführen und werden nur immer wieder unter neuen Phantasienamen auf den (Zeitschriften-)Markt gebracht. Hier eine kurze Übersicht mit Bewertung.

Maßnahme zur Gewichtsreduktion	**Prinzip**	**Beurteilung**
FdH (»Friß die Hälfte«)	In der Praxis immer noch verbreitet. Oft wird einfach eine Mahlzeit gestrichen, z.B. das Mittagessen, oder die Portion halbiert.	Planlos, unsicher. Gefahr von Mangelerscheinungen; meist schnelle Aufgabe, kein Lern- und Dauererfolg.
Einseitige Diäten	Fast jedes Lebensmittel wurde schon einmal in den Mittelpunkt einer Schlankheitsdiät gestellt: Eier, Steaks, Fisch, Zitronensaft, Bananen, Kartoffeln oder Körner.	Je einseitiger die Lebensmittelauswahl, desto größer ist die Gefahr von Mangelerscheinungen und letztlich auch von Diätabbrüchen. Einzelne »schlankmachende« Lebensmittel gibt es nicht.
Diäten mit extremer Nährstoffrelation	Oft werden Kohlenhydrate pauschal als Dickmacher verbannt. Man darf dann hauptsächlich nur eiweiß- und fetthaltige Lebensmittel essen.	Wenn ein Erfolg eintritt, dann meist nur dadurch, daß man durch die ungewohnte Speisenzusammenstellung weniger ißt. Bei Daueranwendung Gefahr von Mangelerscheinungen und Stoffwechselbelastungen durch zuviel Fett, Cholesterin und Purine (= Harnsäurebildner).
Trennkost Fit for life	Zeitliche Trennung von Kohlenhydraten und Eiweißen bei den Mahlzeiten. Grundlage Trennkost, morgens nur Obst.	Praktisch schwer durchführbar. Stoffwechselphysiologisch nicht sinnvoll. Abnahmeerfolg nur bei Kalorieneinschränkung. Wenn auf Milch verzichtet und wenig Fleisch gegessen wird, Gefahr von Kalzium-, Eisen-, Zink- und Selen- sowie B-Vitaminmangel. Wenig Stärketräger wie Brot.
Intervall-Methode	Nicht konstant weniger essen wie bei den üblichen Diäten, sondern zwischen Tagen mit einer Kalorieneinschränkung einen Tag mit normalem bis höherem Kaloriengehalt einschieben.	Falls insgesamt ausgewogen gegessen wird, keine Gefahr von Mangelerscheinungen. Diese Methode soll dem diätbedingten Stoffwechselsparmechanismus entgegenwirken.

Maßnahme zur Gewichtsreduktion	**Prinzip**	**Beurteilung**
Fasten (Nulldiät, Saftfasten proteinergänztes Fasten)	Geringe bis keine Energiezufuhr, aber reichlich Trinkflüssigkeit. Am besten Tee, Mineralwasser, Gemüsebrühen und -säfte, Trinkmolke. Fasten ist mehr als eine Schlankheitsmaßnahme.	Gewichtsverluste beim strengen Fasten beruhen zum großen Teil auf Wasserverlusten und Abbau von Muskeleiweiß. Diesen kann man geringer halten, falls Buttermilch oder Molke getrunken wird und man körperlich aktiv ist.
Schalttage	Einzelne Tage im Wochenverlauf, an denen man bewußt anders ißt, z. B. Safttage, Obsttage, Reistage, um kleinere »Kaloriensünden« rechtzeitig auszugleichen.	Kaliumreiche und natriumarme Schalttage mit Säften, ungesalzenem Reis und Gemüse wirken entlastend und entwässernd. Gut geeignet für ein Schönheitswochenende.
Diätetische Lebensmittel und Schlankheitsmahlzeiten	Nach Diätverordnung standardisierte Produkte (z. B. Pulver oder Fertigmahlzeiten). Hoher Convenience-Grad = Bequemlichkeit.	Helfen Diätfehler vermeiden, beugen gezielt Mangelerscheinungen vor, insbesondere bei einer Niedrigkaloriendiät. Aber keine Dauerlösung! Letztendlich zählt nur die erfolgreiche Änderung der ungünstigen Eßgewohnheiten.
Schlankheitsmittel von Appetitzüglern bis zum Pektin	Chemische Appetitzügler, Füll- und Quellstoffe mit Sättigungswirkung, z. B. Pektin und andere Ballaststoffe, Abführmittel (Laxanzien), Entwässerungstabletten (Diuretika), Enzyme, Spargel- und Kohltabletten	Chemische Appetitzügler bergen erhebliche Nebenwirkungsgefahr. Die besten Sättigungstips sind: Ballaststoffreich essen, dazu viel kalorienfreie Flüssigkeit. Langsam essen, d. h. gut kauen. Abführmittel, Enzyme und Entwässerungstabletten (dazu zählen auch Spargel- und Kohlpräparate) helfen nicht beim Fettabbau. Der wirksamste Fettverbrenner ist die eigene Muskulatur! Also körperlich aktiv werden und weniger (Fett, Alkohol und Zucker) essen.

Maßnahme zur Gewichtsreduktion	Prinzip	Beurteilung
Energiereduzierte Mischkost	Ausgewogene Ernährung. »Von allem etwas, von keinem zuviel!« Etwa 500 – 1000 kcal weniger essen als gewöhnlich.	Dauerhafter Lern- und Gewichtserfolg durch bewußtes Ernährungslernen und langsames Abnehmen. Man gewöhnt sich schon während der Diät an die Lebensmittel und Zubereitungen, die man auf Dauer beibehalten kann.
IDR und TDR (individuell reduzierte Mischkost und Ausdaueraktivitäten und Figurtraining)	»Iß das Richtige« und »Trimm dich richtig«. Erlernen eines auf Dauer persönlich zufriedenstellenden Eß- und Bewegungsverhaltens.	Gute Aussicht auf Langzeiterfolg. Keine Mangelerscheinungen. Steigerung von Fitneß und Wohlbefinden. Grundprinzip der Schönheitsdiät.

Fazit:
Nahrungsmittel und Wunderpillen, die Fett abbauen, gibt es nicht, darum müssen Sie sich mehr bewegen und weniger essen

DIE HAUT

Hochleistungsorgan und persönliche Visitenkarte

Oberflächenmäßig betrachtet ist die Haut mit 1,6 bis 2,0 Quadratmeter das größte, vielschichtigste und eines der vielseitigsten Organe unseres Körpers. Bei kaum einem Organ ist der Stoffwechsel so aktiv wie in der Haut.

Als Mittler beziehungsweise Verbindung zwischen Umwelt und Körper kommt ihr eine wichtige Schutz- und Sinnesfunktion zu. Sie nimmt Druck, Kälte, Wärme und Schmerzen wahr. Unsere äußere Hülle grenzt den Körper von der Außenwelt ab, ist aber über den Blutkreislauf, den Lymphstrom und die Nerven eng mit dem Körper verbunden. Das Hautorgan nimmt an verschiedenen Stoffwechsel-, Speicherungs- und Ausscheidungsvorgängen teil. Durch die Schweißproduktion ist sie an der Körpertemperaturregulation beteiligt. Die Ausscheidung von Wasser und Salzen unterstützt die Nierenfunktion.

Schutzbarriere Haut

Stoffen wie Keratin (Harnsubstanz) und Hautfett, die in der Haut erzeugt werden, kommen wichtige Schutzfunktionen gegenüber Umwelteinflüssen zu. Der Fettsäuremantel der Haut dient der Abwehr von Krankheitserregern. Pigmente der Oberhaut und die Kopfhaare bieten Schutz vor UV-Strahlung. In der Haut wird wiederum unter UV-Einstrahlung das für den Kalziumhaushalt unentbehrliche Vitamin D (Sonnenvitamin) gebildet. Die Haut erfüllt auch als direkter »Vorposten« des Immunsystems wichtige Aufgaben. In ihr reifen die sogenannten T-Lymphozyten, jene Untergruppe der weißen Blutkörperchen, die Träger der zelleigenen Immunabwehr sind.

Der etwa zwei Quadratmeter große Schutzwall Haut, der durch den körpereigenen Fettsäuremantel und die in den Unterhautschichten angesiedelten Freßzellen, T-Lymphozyten, Leukozyten und Gewebemastzellen im ständigen Dienst der Abwehr steht, wird noch durch etwa 40 Quadratmeter Schleimhautoberfläche unterstützt. Wie bedeutsam diese Zusammenhänge sind, zeigt, daß es bereits das Forschungsgebiet der Immundermatologie gibt.

Die Pflege der Haut von außen (Kosmetik) und von innen (Ernährung) ist Gesundheitsschutz und längst nicht nur eine Frage des guten Aussehens.

Die Haut ist aber auch eine individuelle Visitenkarte, die Rückschlüsse auf Lebensalter und Lebensweise zuläßt. Selbst Stimmungen sind unserem Hautbild anzusehen, indem wir durch Veränderung der Hautdurchblutung erröten oder erblassen.

Die Haut verdeutlicht Eigenschaften eines Menschen, etwa einen »dickfelligen« oder »dünnhäutigen« Charakter. Man fühlt sich wohl in seiner Haut. Manchmal glaubt man aber auch, aus seiner Haut fahren oder platzen zu müssen.

Die Haut ist also auch der vielzitierte Spiegel unserer Seele und in der Vielfalt ihrer Fähigkeiten und Funktionen wohl am besten mit dem Gehirn vergleichbar. Sie ist der vielleicht wichtigste Bestandteil unserer Individualität und Unverwechselbarkeit. Haut und Hirn sind anlagebedingt auf das engste miteinander verbunden. Streicheleinheiten für die Haut sind von Anfang an für die menschliche Entwicklung von größter Bedeutung.

Wir können der Haut ansehen, wie gut es uns geht

Die Haut gibt Aufschluß über den jeweiligen physischen und psychischen Zustand. Man sieht ihr körperliche und seelische Probleme an. In der Medizin nutzt man die Hautdiagnose, um aufgrund des äußeren Erscheinungsbildes Hinweise auf mögliche Stoffwechselerkrankungen und den Ernährungszustand zu erhalten. Haut und innere Organe stehen im Wechselspiel, so sind Zusammenhänge zwischen Hautbild und

- Magen und Darm
- Leber und Bauchspeicheldrüse sowie
- Nieren und innersekretorischen Drüsen bekannt.

Fehlernährung, wie ein Mangel der verschiedenen fett- und wasserlöslichen Vitamine sowie Spurenelemente – oft verbunden mit einer allgemeinen Überernährung (zu viel, zu fett, zu süß, zu alkoholreich) –, führt ebenfalls zu Hautsymptomen.

Je besser der gesamte physische und psychische Zustand eines Menschen ist, desto besser ist sein Hautbild. Nur wenn alle Körperfunktionen ausgeglichen arbeiten, ist ein strahlend frisches Aussehen – also gesunde Haut, Haare und Nägel – möglich. Die Hautpflege beziehungsweise Kosmetik von innen, als wichtiger Grundsatz biologisch verstandener Ganzheitskosmetik, ist gerade heute bei den vielfältigen Belastungen der Haut durch Umweltschadstoffe, Genußmittelmißbrauch und oftmals Mangelernährung wichtiger denn je.

Die gesunde Hautfunktion wird durch Erkrankungen, Stoffwechselstörungen, Allergien, Fehlernährung und Genußmittelmißbrauch (Alkohol und Nikotin) beeinträchtigt. In jedem Fall sind bei einer Störung im Erscheinungsbild der Haut die engen Zusammenhänge zwischen Stoffwechsel, Ernährung und Psyche zu beachten.

Das Sündenregister – was uns die Haut übelnimmt

– Nikotin- und Alkoholmißbrauch
– Übermäßige Licht- und Sonneneinwirkung
– Mangelnder Schlaf und Sauerstoff
– Ernährungsfehler, insbesondere Nährstoff- und Flüssigkeitsmangel
– Zu wenig Bewegung
– Umweltbedingte Schädigungen
– Grobe Pflegefehler

Lesen Sie im nächsten Kasten, was Sie aktiv für ein gepflegtes Aussehen tun können.

Vielschichtiges Organ und faszinierendes Wunderwerk Haut

Bekanntlich besteht unsere Haut vereinfacht dargestellt aus drei Schichten: der Oberhaut, Lederhaut und Unterhaut. Die Kosmetikerin und der Hautarzt bezeichnen diese Schichten in der oben genannten Reihenfolge auch mit ihren jeweiligen Fachnamen: Epidermis, Corium und Subkutis. Was wir sehen, ist nur die Hornschicht der Oberhaut, die aus abgestorbenen Zellschüppchen besteht und ständig abgestoßen wird. Würden nicht täglich an die zwei Milliarden Hornzellen auf diese Weise verlorengehen, würde unsere Haut bald dem Panzer einer Schildkröte ähneln. Andererseits verhindert die Schutzschicht aus Horn, daß wir nicht wie ein Frosch alle paar Minuten ins Wasser hüpfen müssen, um nicht zu vertrocknen. Neue Zellen wachsen nach, so daß unsere Haut täglich mit etwa zehn bis vierzehn Gramm neuem Zellmaterial versorgt wird. So erneuert sich die Oberhaut von Grund auf.[1]

Die Haut besteht im wesentlichen aus zwei Gewebearten, dem Epithel- und Bindegewebe. Das Epithelgewebe ist ein mehrschichtiger, fast lückenlos geschlossener Zellverband, der wichtige Schutzfunktionen (Oberhaut) ausübt. Außerdem sind die Hautepithelien für die Sekretion (Stoffabgabe) verantwortlich, denn Talg-, Schweiß- und Duftdrüsen bestehen ebenso wie die Haarbälge aus Epithelgewebe.

Das Bindegewebe zählt zu den Stützgeweben und ist im Gegensatz zu den Epithelien wesentlich zellärmer. Es setzt sich vorwiegend aus Bindegewebszellen und -fasern (Kollagenfasern) zusammen, die einen schwammartigen, lockeren Verband bilden, der hauptsächlich Stütz- und Stoffwechselfunktionen übernimmt. Die Lücken sind mit einer flüssigen Zwischensubstanz gefüllt, die Salze und Eiweißstoffe enthält. Außerdem umschließt das Bindegewebe die Blut- und Lymphgefäße der Haut.

Die Erkenntnis, daß das Bindegewebe mehr als nur Stütz- und

Bausteine für die Schönheit

– Genügend Schlaf
– Maßvoller Umgang mit Genußmitteln
– Vollwertige Ernährung, genügend Flüssigkeit
– Genügend Bewegung in frischer Luft
– Sorgfältige Hygiene und Körperpflege
– Wirksamer Licht- und Sonnenschutz
– Harmonie zwischen Körper und Seele (»positiv leben«)

Füllfunktion hat und für spezifische Organfunktionen Ernährungs- und Regenerationsaufgaben übernimmt, ist in Physiologie und Medizin schon lange bekannt. Es wird als organisches, vitales Medium, als vermittelndes Glied zwischen Zelle und Gefäß und damit als Träger des Ernährungsstroms angesehen. Die große Bedeutung des Bindegewebes, das auch als Grundsubstanz oder extrazelluläre Matrix bezeichnet wird, ist Gegenstand aktueller Forschungen, die auch für die Kosmetik von innen und außen von größtem Interesse sind.[2]

Die Versorgung der Zellen mit Nährstoffen, aber auch deren Entsorgung ist nicht zuletzt abhängig vom Funktionszustand der Grundsubstanz, die sie umgibt.

Die Oberhaut – Ort der Zellregeneration und »Sonnenschirm« des Körpers

Die zirka 0,5 bis 1,2 Millimeter dicke Oberhaut »versiegelt« als wirksame Barriere den menschlichen Organismus und besteht aus fünf Zellschichten, die auf einer Basalmembran aufliegen. Von innen nach außen sind das:

- Keim- oder Basalzellenschicht
- Stachelzellenschicht
- Körnerzellenschicht
- Leuchtzellenschicht
- Hornschicht

Die Basalmembran trennt die Oberhautepithelien von der darunterliegenden Lederhaut. Durch diese durchlässige Membran gelangen die Nährstoffe über die Blutgefäße der Lederhaut in die gefäßfreie Oberhaut. Besonders die untersten Oberhautschichten, die Basalzellen- und die Stachelzellenschicht, benötigen reichlich Nährstoffe, da hier die ständige Zellerneuerung stattfindet. Beide zusammen bilden die Keimschicht. Hier entstehen durch Zellteilungen immer wieder neue Zellen, die dann allmählich durch die darüberliegenden Schichten nach oben bis zur Hornschicht wandern und dort schließlich als feinste Schüppchen abgestoßen werden. Dieser normale Erneuerungsprozeß der Haut dauert etwa vier Wochen.

Wie entstehen Hornhaut und Schwielen?

Häufige mechanische Beanspruchung der Haut regt die Zellproduktion in der Keimschicht an und fördert so den Verhornungsprozeß: Hornhaut und Schwielen bilden sich.

Auf dem Weg von unten nach oben nimmt auch die Feuchtigkeit der Hautschichten ab. Während die Zellen in der Keim- und Stachelzellenschicht noch ausgesprochen wasserhaltig (bis 60 Prozent) sind, trocknen sie in den darüberliegenden Schichten zunehmend aus. Die Hornschicht hat schließlich nur noch einen Wassergehalt von zirka zwei Prozent.

Körnerzellen- und Leuchtzellenschicht werden als Verhornungszone bezeichnet. In der Körnerzellenschicht kommt es zu einem allmählichen Absterben der Zellkerne. Die Leuchtzellenschicht hat ein helles, glänzendes Aussehen. Die Zellstrukturen sind aufgelöst; bei einer leichten Hautabschürfung ist die Schicht gut zu erkennen, daher ihr Name. Die Leuchtzellenschicht enthält den Eiweißabkömmling Elaidin, der der Haut zusammen mit anderen Substanzen Glanz, Glätte und Wasserdichte verleiht.

Wie werden wir braun?

Die Bräunung als körpereigener »Sonnenschirm« oder »Schutzschild« gegen ultraviolettes Licht ist ebenfalls eine Funktion der Oberhaut. Besondere Zellen in der Basalzellenschicht, sogenannte Melanozyten, bilden das Hautpigment Melanin. Melanin verleiht der Haut das braune Aussehen und schützt den Körper vor schädigenden Sonnenstrahlen. Hornschicht und Basalzellenschicht der Oberhaut bilden gemeinsam einen unerläßlichen Schutzschild vor ultravioletten Strahlen. Sonnenstrahlen lösen die Melaninproduktion aus und fördern die Ausbildung der Hornschicht. Sonnenanbeter »bezahlen« die sportliche Bräune daher häufig mit einer ledrigen, dunkel pigmentierten Haut. Doch die Intensität der Pigmentbildung hängt auch vom Hauttyp ab. Durch eine stark eingeschränkte Melaninsynthese bräunen Menschen mit einer hellen empfindlichen Haut weit weniger als dunkle Hauttypen. Die Bräunung selbst ist ein sogenannter foto-

Bräunen Sie unregelmäßig?

Dann lohnt sich ein Versuch mit Vitamin E sowohl von außen als auch von innen. Bei Vitamin-E-Mangel kann es zu Verfärbungen bestimmter Hautpartien kommen; ebenso hängen die sogenannten Altersflecken (dunkle Pigmentierung) damit zusammen.

oxidativer Prozeß, der unter Anwesenheit von Sauerstoff stattfindet. Vitamin E greift hier regulierend ein.

Die Lederhaut – zuständig für Festigkeit und Elastizität

Die Schicht ist, wie der Name schon vermuten läßt, erheblich dicker als die Oberhaut. Sie besteht aus einem dichten Geflecht von kollagenen und elastischen Fasern, die von Bindegewebszellen umschlossen sind. Kollagene Fasern enthalten den Eiweißstoff Kollagen, der den Fasern eine besondere Zugfestigkeit verleiht. Das Protein Elastin sorgt in den elastischen Fasern für Dehnbarkeit und Elastizität. Die Grundbausteine beider Proteine, die Aminosäuren, müssen mit der Nahrung aufgenommen werden. In dieses Geflecht sind zahlreiche Blut- und Lymphgefäße, Talg- und Schweißdrüsen sowie Nerven und Haarwurzeln eingebettet.

Die obere Schicht der Lederhaut, die sogenannte Papillarschicht, ragt mit kleinen zapfenartigen Vorsprüngen (Papillen) in die Keimschicht der Oberhaut, so daß eine feste Verbindung der beiden Schichten entsteht. Dadurch wird eine optimale Nährstoffversorgung der gefäßlosen Oberhaut erreicht.

Die Unterhaut – Speicherorgan für Depotfett und Wasser

Die tiefste Schicht der Haut schließt sich ohne deutliche Abgrenzung an die Lederhaut an. Die Unterhaut ist von Blutgefäßen durchzogen und besteht aus lockerem Bindegewebe, in das Fettzellen eingelagert sind. Wir sprechen auch von Unterhautfettgewebe. Neben ihrer Funktion als Fett- und Wasserspeicher sowie als Wärmeisolierung sorgt die Unterhaut auch dafür, daß sich die Haut verschieben läßt und wie ein Polster darunterliegenden Organen Schutz vor mechanischen Belastungen bietet.

Die Fettspeicherung im Unterhautfettgewebe – der eigentliche Maßstab für Übergewicht

Die Dicke des Unterhautfettgewebes hängt einerseits vom Ernährungszustand, andererseits von Geschlecht, Lebensalter und Körperbereichen ab. So ist bei Männern vorwiegend die Bauchhaut, bei Frauen hingegen die Haut von Brust, Hüften und Gesäß zur Fettspeicherung geeignet. Dabei kommt den typisch weiblichen (normalen) Fettdepots eine physiologische Funktion als Energiespeicher für die Schwangerschaft zu.

Schönheitsfehler oder Gesundheitsrisiko?

Tröstlich oder nicht? Die übermäßige Anhäufung von Fett im Körper gilt als gesundheitsbedrohlich und ist dann längst kein »Schönheitsfehler« mehr. Dabei ist der »Männerbauch« für die Entstehung von Herzinfarkt viel gefährlicher als der typisch weibliche Fettansatz an Oberschenkeln, Gesäß und Hüften.

Ein Gewicht von 20 Prozent über dem persönlichen Normalgewicht sollte Anlaß dazu sein, abzunehmen. Wissenschaftler bemängeln allerdings, daß mit der einfachen Broca-Formel nicht die wirkliche Menge des Körperfetts ermittelt werden kann. So sind beispielsweise

Leistungssportler aufgrund ihrer durch Krafttraining vermehrten Muskelmassen häufig übergewichtig, ohne zuviel Depotfett gespeichert zu haben.

Feststellung der Fettspeicherung

Was Wissenschaftler mit einem exakten Meßgerät, dem sogenannten *skinfold-caliper*, erfassen, können Sie für den Hausgebrauch mit einem einfachen Kneiftest ermitteln. Nimmt man die Haut so zwischen die Finger, daß sie sich leicht von der darunterliegenden Muskelschicht abhebt, erfaßt man eine sogenannte »Hautfalte«. Sie ist um so dicker, je mehr Fett unter der Haut gespeichert ist. Das Unterhautfettgewebe zeigt also an, ob Übergewicht tatsächlich durch Zunahme des Fettgewebes hervorgerufen ist. Sie können sehr wohl fühlen, ob Sie zwischen Ihren Fingern eine dünne, mittlere oder sehr dicke Haut halten. Wenn Sie also wirklich wissen wollen, wie dick Ihre Fettpolster unter der Haut sind, kneifen Sie sich mit Daumen und Zeigefinger in den Bauch oder Oberarm zwischen Achselhöhle und Ellbogen. Ziehen Sie die Haut leicht an, und messen Sie die Dicke. Wenn es am Bauch mehr als 20 bis 30 Millimeter und am Arm etwa die Hälfte davon sind, sollten Sie mit kontrollierter Ernährung und gezielter Bewegung etwas dagegen tun.

Welche Faktoren bestimmen das Aussehen der Haut?

Das Aussehen wird zunächst durch Hautfarbe und Struktur der Hautoberfläche bestimmt. Unsere eigentliche Hautfarbe ist weiß, verursacht durch die Körnerschicht der Oberhaut. Je nach Menschenrasse und Hauttyp beeinflußt das Hautpigment Melanin dann das eigentliche Erscheinungsbild und bewirkt zusammen mit den unter der Haut liegenden rotschimmernden Blutgefäßen die Hauttönung. Eine bläulich-rote Hautfärbung spricht für Sauerstoffmangel, rosig-rote Haut ist meist recht dünn und gut durchblutet. Sehr blasse Menschen leiden häufig an Blutarmut (Anämie) oder aber einer sehr schlecht durchbluteten Haut. Eine talgreiche, verdickte Hornschicht hingegen verursacht eine fahle grau-gelbliche Gesichtsfarbe, gleichbedeutend mit einer schlecht durchbluteten, fettigen Haut.

Hautfelder, -furchen, -falten und -poren bestimmen die Struktur der Haut. Die feine Hautfelderung entsteht durch den Faserverlauf in der Lederhaut, die Anordnung der Papillen und die Bewegungen der Haut. Sie werden von kleinen Furchen begrenzt, die in kleinen Vertiefungen (Scheinporen) zusammenlaufen. Der Richtungsverlauf dieser kleinen Hautfurchen bestimmt beispielsweise die Schnittführung bei operativen Eingriffen. Die aus den »echten« Poren sprießenden, feinen Flaumhaare verleihen der Haut Glanz und Kontur.

Frauen kämpfen das ganze Leben gegen Falten!

Dabei sind Falten ganz normal. Dreierlei Falten prägen zunächst das Hautbild: Bildungsfalten, Bewegungsfalten und mimische Falten.

Bildungsfalten

Bildungsfalten sind weniger vom Hautzustand als von der »Unterlage« abhängig; sie entstehen überall dort, wo tiefer gelegene Organe vorgewölbt oder eingesunken sind. Die Ausprägung hängt von der Stärke des Unterhautfettgewebes ab.

Bewegungsfalten

Bewegungsfalten entstehen durch Körperbewegungen: Je häufiger wir bestimmte Bewegungen ausführen, desto stärker prägen sich dort diese Falten aus. Demnach nehmen sie mit steigendem Lebensalter zu. Charakteristische Bewegungsfalten sind die Handlinien der Handteller oder aber die Querfalten im Bereich der Beuge- und Streckseiten von Gelenken.

Mimische Falten

Die mimischen Falten zählen eigentlich zu den Bewegungsfalten. Ein Rückschluß auf das Lebensalter ist jedoch schwierig, da die Gesichtsmimik von Gemütsbewegungen abhängt. Als »Spiegel der Seele« offenbaren die Gesichtsfalten einen Teil des Charakters; einen Griesgram oder eine Frohnatur erkennt man nicht zuletzt an ihren Sorgen- oder Lachfalten, die sich mit der Zeit eingraben und so die Gesichtszüge prägen.

Rauchverzicht verjüngt das Gesicht

Starke Raucherinnen und Raucher leiden mit zunehmendem Alter an einer Schrumpfung ihrer Haut. Tatsächlich können die dadurch entstehenden, unerwünschten Falten – ebenso wie durch jahrzehntelange übermäßige Sonnenlichteinwirkung – allein durch das Rauchen verursacht sein. Im Gegensatz zur chronisch lichtgefährdeten Haut ist die Raucherhaut gleichmäßig grau-blaß und hat ein schlaffes Bindegewebe mit feinsten Fältchen bis hin zu ausgeprägten Furchen. Wer rechtzeitig mit dem Rauchen aufhört und durch richtige Pflege und vollwertige Ernährung zur »Wiedergutmachung« beiträgt, kann die Regenerierung seiner Haut fördern.

Die Hauttypen

Jedes Pflegeprogramm sollte auf die Bedürfnisse der Haut zugeschnitten sein. Die Hautbeschaffenheit hat immer auch mit der ererbten Anlage zu tun und kann – stark vereinfacht – bestimmten Körpertypen zugeordnet werden. Sehr schlanke Menschen neigen beispielsweise überwiegend zu trockener, dünner und feiner Haut, die eine vorzeitige Faltenbildung begünstigt, während vollschlanke Personen meistens eine glatte, samtige, weiche und oft jünger aussehende Haut aufweisen.

Nach einer mittlerweile klassischen Einteilung unterscheiden Kosmetikerinnen und Dermatologen vor allem vier Hauttypen: normale Haut, trockene Haut, fette Haut und Mischhaut. Als Kriterium gilt der Umfang der Talg- und Schweißproduktion, die jedoch gewissen alters- und umweltbedingten Schwankun-

gen unterliegt. In der Pubertät beispielsweise erhöht sich die Talgproduktion, die jugendliche Haut neigt zu Pickeln und Mitessern (seborrhoischer Hauttyp). Mit zunehmendem Alter wird die Haut trockener. Alkohol- und Zigarettenkonsum, bestimmte Lebensmittelinhaltsstoffe und/oder seelisches Befinden führen bei vielen Menschen zu Hautveränderungen und beeinflussen den Hauttyp.

Normale Haut – heute eher ein Ausnahmefall

Diese Haut ist glatt, feinporig, geschmeidig und hat keine Schuppen und keinen starken Fettglanz. Ihre Fett- und Talgproduktion ist ausgeglichen. Die normale Haut weist keine Unreinheiten auf und ist nicht sonderlich empfindlich, so daß sie zur Pflege nur eine milde Reinigungsemulsion und Feuchtigkeitscreme – im Sommer selbstverständlich einen guten Sonnenschutz – braucht.

Trockene Haut – empfindliche Haut

Trockene Haut ist meist sehr dünn, so daß sie nach der Reinigung und in trockener Luft spannt. Aufgrund ihrer fehlenden Elastizität bilden sich auf ihr schneller Falten. Die Talgdrüsen arbeiten unzureichend, so daß sich der schützende Fettsäurefilm auf der Oberhaut nicht genügend ausbreiten kann. Die trockene Haut ist empfindlich gegenüber Temperatur- und Umweltreizen und neigt zu Schuppenbildung, Juckreiz und allergischen Reaktionen. Sie ist wohl der am meisten verbreitete Hauttyp in der Bevölkerung und findet sich meist bei Menschen über Vierzig, da die Hautdrüsen mit zunehmendem Alter immer weniger Sekret bilden. Dementsprechend müssen besonders milde Reinigungsemulsionen sowie fett- und feuchtigkeitsspendende Cremes zur Pflege verwendet werden, ein ausreichender Sonnenschutz ist besonders wichtig.

Der Nachschub kommt von innen!

Feuchtigkeit muß jedoch nicht nur von außen zugeführt werden. Bei trockener Haut ist auch genügend Trinkflüssigkeit wichtig, denn in die tiefen Hautschichten bringt man von außen kein Wasser hinein. Wenn andererseits zu wenig getrunken wird, greift der Körper auch auf die Wasserdepots in der Haut zurück. Die Folge ist ausgetrocknete Haut.

Das billigste Beauty-, Fitneß- und Schlankheitselixier

Bitte tief ins Glas schauen und täglich eine Flasche (0,7 Liter) Mineralwasser trinken. So decken Sie die Hälfte Ihres täglichen minimalen Trinkflüssigkeitsbedarfs ganz ohne Kalorien.

Fettige Haut – oft auch fettige Haare

Dieser eher unschön aussehende, aber robuste Hauttyp entsteht durch eine Überproduktion der Talgdrüsen. Durch die verdickte Hornschicht wirkt die fettige Haut auch derb. Da die Talgdrüsen vermehrt arbeiten, neigt die Haut neben dem fettig-glänzenden Aussehen auch zu Unreinheiten. Bei Jugendlichen, die diesem Hauttyp zuzuordnen sind, findet sich das Hautbild der Akne. Durch die hormonellen Umstellungen während der Pubertät werden die Talgdrüsen – vor allem in Gesicht und Nacken, am Rücken und auf der Brust – zu verstärkter Tätigkeit angeregt. Mit der Zeit verstopft der Talg die Poren, es bildet sich ein Pfropf, der sich an der Luft schwarz verfärbt: Der Mitesser entsteht.

Einen Vorteil hat die fette Haut: Wenn sie richtig gepflegt wird – der sorgfältigen Reinigung kommt hier eine besondere Bedeutung zu – altert sie nicht so frühzeitig wie die trockene Haut und neigt weniger zur Faltenbildung.

Was kann Ernährung verbessern?

Bei fettiger Haut sollten Sie stärkeres Übergewicht vermeiden beziehungsweise abbauen, dem Kalorienbedarf entsprechend abwechslungsreich essen und trinken; Vollkornprodukte, Gemüse und Obst bevorzugen; mit Fett, Alkohol und Zucker sparsam umgehen und sich genügend bewegen. Dann kann sich langfristig das Hautbild verbessern.

Die Mischhaut – von allem etwas

Eigentlich handelt es sich um eine normale Haut, die in der Mittelpartie des Gesichts – Kinn, Nase und Stirn – fettige Stellen hat, weil gerade hier mehr Talgdrüsen zu finden sind. Die anderen Bereiche – Wangen, Schläfen und Hals – sind normal und feinporig, manchmal ist die Haut dort auch trocken und schuppig. Bei der Pflege kommt es auf die richtige Reinigung und feuchtigkeitsspendende Cremes an. Mit zunehmendem Alter »normalisiert« sich dieser Hauttyp.

Zu einem gepflegten Aussehen gehört noch mehr: gesunde Haare und Nägel

Haare entstehen in der Haut und leben von der Qualität der Nährstoffversorgung über den Blutkreislauf. Haare sind im Grunde nichts anderes als verhornte Zellsubstanz. Es handelt sich also um tote Materie, genau wie unsere Fingernägel. Wir spüren nichts, wenn wir sie schneiden. Jedes einzelne Haar wird im Laufe unseres Lebens mehrfach ersetzt. »Alte« Haare fallen aus, neue wachsen nach. Gesunde Haut und kräftige Haare benötigen für ihre Erneuerung Eiweißbausteine, Vitamine und Mineralstoffe aus der Nahrung.

Das Kopfhaar steht im Mittelpunkt der Schönheitspflege. Haarfarbe, -struktur und Frisur bestimmen ganz wesentlich das äußere Erscheinungsbild eines Menschen. Blonde haben mit bis zu 150 000 Kopfhaaren den dichtesten Schopf, allerdings sind ihre Haare dünner als bei Rot- oder Dunkelhaarigen. Die Haarfarbe hängt von genetisch bedingten Melanineinlagerungen ab. Wenn mit zunehmendem Alter die Farbstoffbildung nachläßt und sich kleine Luftbläschen im Haar einlagern, ergrauen die Haare.

Man unterscheidet am Haar den äußerlich sichtbaren Haarschaft und die leicht schräg in der Haut steckende Haarwurzel, an deren Ende sich die keulenförmig verdickte Haarzwiebel befindet. In der Oberhaut ist die Haarwurzel von den Wurzelscheiden, in der Lederhaut vom Haarbalg (Follikel) umgeben. In den Haarbalg münden die Talgdrüsengänge, die die Haare durch ständige winzige Talgabgaben geschmeidig halten. Bei einer Überproduktion der Talgdrüsen kann der Talg nicht mehr vom Haarschaft aufgenommen werden, und die Frisur wirkt fettig und strähnig. Ebenso wie das Haarwachstum wird auch die Aktivität der Talgdrüsen hormonell gesteuert, und zwar durch die Sexualhormone. Am Haarbalg setzt auch der Haarmuskel an, der sich bei Kälte oder auch Schreck zusammenzieht und so das Haar aufstellt (Gänsehaut). Außerdem umschließt der Haarbalg die Haarzwiebel, die bei vielen Haaren bis an die Unterhaut reicht und über eine Papille der Lederhaut mit Blut versorgt wird. In der Haarzwiebel beginnt das Haarwachstum, denn sie besteht aus vielen teilungsfähigen, unverhornten Epithelzellen. So entstehen ständig neue Zellen, die auf ihrem Weg nach oben allmählich verhornen und schließlich als Haarschaft sichtbar werden. Mit der Zeit sterben die Haare dann ab und liegen so lange als »totes« Gebilde frei im Haarbalg, bis sie von einem nachwachsenden Haar herausgeschoben werden. Auf diese Weise fallen täglich zwischen 20 bis 40 Haare aus.

An jedem Finger- und Zehenglied sitzt ein Nagel. Ebenso wie die Haare sind auch die Nägel Horngebilde der Oberhaut. Die Hornschicht ist hier verstärkt und zu einer etwa 0,5 Millimeter dicken, leichtgewölbten Hornplatte ausgebildet. Die Nagelplatte ruht auf dem gefäßreichen Nagelbett und mündet mit der Nagelwurzel in der Nageltasche. Sie wird seitlich vom Nagelwall begrenzt, in dem sich eine kleine Rinne – der Nagelfalz – befindet, in der die Nagelplatte eingelassen ist. Die Nagelwurzel, bei jedem Fingernagel als sogenanntes »Möndchen« sichtbar, sorgt für das Wachstum der Nägel. Ähnlich wie bei den Haaren teilen sich auch hier unverhornte Zellen, die mit der Zeit verhornen und so die Nägel täglich um 0,1 bis 0,4 Millimeter über das Nagelbett nach vorn schieben. Die komplette Erneuerung eines verlorenen Fingernagels dauert etwa drei bis fünf Monate.

Schönheit fängt beim Essen an

Das gesunde Aussehen von Haut, Haaren und Nägeln setzt einen gesunden Stoffwechsel, eine gute Durchblutung und eine vollwertige Ernährung voraus. Eine längerdauernde Unterversogung an Vitaminen, Mineralstoffen, Eiweißbausteinen und essentiellen Fettsäuren beeinträchtigt dagegen ihr Erscheinungsbild.

Der Alterungsprozeß der Haut – ein natürlicher Vorgang

Die physiologischen Vorgänge des Hautalterns will zwar niemand wahrhaben, vor allem nicht jene, die uns glauben machen wollen, bestimmte kosmetische Präparate könnten sie aufhalten oder uns gar jünger aussehen lassen. Es ist aber auch bekannt, daß die Haut nichts vergißt. Beispiele für eine schädigende Lebensweise, die die Haut nicht ungestraft hinnimmt, sind jeder einzelne Sonnenbrand, aber auch ein fortgesetzter Mißbrauch von Genußmitteln (Rauchen und Alkohol). Im persönlichen Lebensstil liegt sicherlich auch die größte Chance, vorzeitige und nicht natürliche Alterungserscheinungen zu vermeiden. An keinem anderen Organ machen sich nämlich so früh Alterserscheinungen bemerkbar wie im Bereich der Haut und ihrer Anhangsorgane, den Haaren. Theoretisch ist die Hautalterung die kontinuierliche Veränderung des Hautzustandes von der Geburt bis zum Tod. In der Praxis manifestieren sich sichtbare Veränderungen jedoch meist erst im Verlauf des dritten Lebensjahrzehnts. Art und Ausprägung der Alterserscheinungen hängen sowohl von Umwelteinflüssen (starke UV-Strahlung) und Lebensweise als auch von den individuellen Erbanlagen ab.

Welch große Rolle die Umweltbelastungen dabei spielen, verdeutlicht der Vergleich von Gesicht, Dekolleté und Händen mit meist bedeckten und somit gut geschützten Körperpartien. Lichtgeschädigte, vorzeitig gealterte Haut kann sich zu einer sogenannten Dermatoheliose entwickeln; das bedeutet: Die Haut verhornt, wird ledrig und runzlig und nimmt eine gelbliche Färbung an. Hinzu kommt ein erhöhtes Hautkrebsrisiko (Plattenepithelkarzinom, malignes Melanom).

Der Alterungsprozeß verläuft schubweise und hängt unter anderem von hormonellen Einflüssen ab: Bei Frauen in den Wechseljahren, die weniger Sexualhormone produzieren, verändert sich auch das Hautbild. Trockene, spröde und schuppige Altershaut entsteht vor allem jedoch durch das nachlassende Wasserbindungsvermögen der Hornschicht.

Zu den typischen altersbedingten Hautveränderungen zählen:

– Vergröberung des Hautreliefs (vergrößerte Poren)
– Eingeschränktes Wasserbindungsvermögen der Oberhaut (Hornschicht). Achtung: Gerade bei vermindertem Durstgefühl im Alter genügend trinken!
– Elastizitätsverlust und Faltenbildung (»Knitterfältchen« und verminderte Polsterung)
– Bildung von Pigmentflecken
– Verdünnte Epithelschichten
– Ergrauen der Haare und Haarausfall
– Verdickung der Fuß- und Fingernägel, Zunahme der Brüchigkeit

Versorgungslage verschlechtert

Eine altersbedingte Veränderung betrifft auch direkt die Nährstoffversorgung der Oberhaut. In dem engmaschigen, aus feinen, kollagenen Fasern bestehenden Schichten der Lederhaut befinden sich Blutkapillaren, die für die Ernährung der Oberhaut Nährstoffe mit dem Blut heranführen und den Abtransport von Stoffwechselendprodukten übernehmen. Die Belastbarkeit und Elastizität dieser kleinen Kapillargefäße läßt mit zunehmendem Lebensalter nach und führt so zu einer herabgesetzten Strömungsgeschwindigkeit des Blutes. Insgesamt wird der Stoffaustausch zwischen der Oberhaut, die ihre Nährstoffe ja über die Blutgefäße der Lederhaut und der Unterhaut erhält, geringer. Auch die wellenförmige Basalmembran – also die Trennschicht zwischen Leder- und Oberhaut – flacht ab und verringert so ihre Kontaktfläche zwischen den beiden Hautschichten.

Stoffwechselleistungen der Haut

Die Haut als Schutzmantel. Wie kommt diese Funktion eigentlich zustande? Schweiß, Talg und verhornte Oberhautzellen verbinden sich zu einem dünnen Fettsäurefilm, der die Haut vor Austrocknung schützt. Dieser Schutzmantel besteht vorwiegend aus Fett- und Aminosäuren, Cholesterin und Milchsäure. Deshalb herrscht auf der Haut ein saures Milieu (pH-Wert 5 bis 6), das verhindert, daß sich schädliche Bakterien, Viren oder Pilze in der Haut einnisten. Daher ist es so wichtig, diesen Schutzschild nicht durch alkalische Seifen oder Körperpflegemittel zu zerstören, denn all diese Krankheitserreger gedeihen im alkalischen Lebensraum.

Durch die Ausscheidungsfunktion der Haut werden die Nieren unterstützt

Über den Schweiß scheidet die Haut Mineralsalze (Natrium, Kalium, Kalzium, Magnesium, Chlorid) und organische Substanzen (Harnstoff, Harnsäure, Kreatin, Ammoniak, Aminosäuren) sowie schwefelsaure

pH-Wert – was ist das eigentlich?

Der pH-Wert (p = Potenz, H = Wasserstoffionen) gibt an, ob eine Substanz sauer, neutral oder alkalisch reagiert. Die Skala reicht von 0 bis 14. pH-Werte von 1 bis 6,5 liegen im sauren Bereich. Werte um 7 gelten als neutral. Werte von 8 bis 14 sind im alkalischen (basischen) Bereich. Gesunde, normale Haut weist einen pH-Wert von 5,5 auf und befindet sich sonst im leicht sauren Bereich. Daher sprechen wir vom Säureschutzmantel.

und phosphorhaltige Verbindungen und Milchsäure aus. Dadurch unterstützt die Haut die Ausscheidungsvorgänge der Nieren.

Pro Tag verdunsten die Schweißdrüsen einen halben bis einen Liter Wasser, das geringe Mengen an Salzen und Stoffwechselprodukten enthält. Wer Sport treibt oder körperlich aktiv ist, schwitzt mehr. Pro Stunde Sport kann man mit einem Schweißverlust von einem bis eineinhalb Litern rechnen. Leistungssportler und sogenannte Hitzearbeiter können pro Tag fünf und mehr Liter Flüssigkeit durch Schwitzen verlieren.

Kann die Haut auch Nährstoffe aufnehmen?

Eine schöne Haut braucht Vitamine. Diese Binsenweisheit bezieht sich jedoch längst nicht mehr allein auf die Aufnahme von Vitaminen durch eine vielseitige Ernährung mit Gemüse und Obst oder die ergänzende Einnahme von Vitaminpillen. Auch die Wissenschaftler der Kosmetikhersteller sind auf die Vitamine gekommen. Immer mehr kosmetische Präparate und Pflegeprodukte werden mit Vitaminen angereichert. Vitamine in Cremes sollen unsere Haut schützen, pflegen und glätten und in Haarkuren und Shampoos dem Spliß vorbeugen. Doch Nahrungsersatz können sie natürlich nicht sein, und eine Nährstoffversorgung des Körpers über die Haut ist auch nicht das Ziel. Bei der Vitaminanwendung von innen und außen handelt es sich um zwei grundsätzlich verschiedene Bereiche, die sich allerdings durchaus ergänzen.

Was sollen die Vitamine von außen in der Haut bewirken?

Um diese Frage zu beantworten, müssen zunächst einige physiologische Voraussetzungen bedacht werden. Zahlreiche Wissenschaftler beschäftigen sich mit den Möglichkeiten der Haut, bestimmte Stoffe aufzunehmen, hängt doch davon nicht zuletzt der Erfolg etlicher Kosmetikprodukte ab. Weybrecht und Enderlein[4] beschreiben drei Wege, die es einer Substanz ermöglichen, in die Haut einzudringen.

1. Stoffaufnahme über die Oberhaut:

Einige Stoffe können den oberflächlichen Fettfilm und auch die Hornschicht der Oberhaut problemlos passieren; die sich anschließende Leuchtzellenschicht stellt für die meisten

Noch ein Wort zum Thema Schwitzen und Gewichtsverlust

Unmittelbarer Gewichtsverlust nach Sport oder Sauna ist Wasserverlust. Er zählt jedoch nicht wirklich bei der angestrebten Reduktion von Übergewicht. Im Gegenteil, nicht aufgefüllte Schweiß-, oder – genauer – Wasser- und Mineralsalzverluste bergen rasch die Gefahr von Kreislaufbeeinträchtigung und Muskelverkrampfung. Und schließlich hat auch die Haut Durst. Deshalb lieber genügend vor, während und nach dem Sport trinken, um nicht ins Flüssigkeitsdefizit zu geraten.

allerdings eine unüberwindbare Barriere dar.

2. Stoffaufnahme über die Haarbälge:

Über die Poren des Haarbalgs und die Talgdrüsen können am leichtesten Substanzen in tieferliegende Hautschichten eingeschleust werden, denn die Talgdrüsenwände bieten hier kaum Widerstand.

3. Stoffaufnahme über Schweißdrüsenausführungsgänge:

Theoretisch ist auch eine Stoffaufnahme über die Schweißdrüsenkanäle denkbar, die jedoch laut Weybrecht und Enderlein nur eine untergeordnete Rolle spielt.

Die beiden Wissenschaftler messen sowohl der Sauerstoffals auch der Wasseraufnahme durch die Haut keine große Bedeutung bei. Allerdings differenzieren sie hier zwischen äußeren und tieferliegenden Hautschichten. Die Hornschicht ist durchaus in der Lage, Wasser zu binden, um so ihren normalen Quellungszustand aufrechtzuerhalten. Ein Feuchtigkeitsmangel äußert sich in spröder und rissiger Haut. Allerdings betrifft dies nur die »tote« Hornschicht, da die darunterliegende Leuchtzellenschicht verhindert, daß das Wasser in die tieferen »lebenden« Hautschichten eindringen kann. »Es gilt also auch für das Wasser der Leitsatz, daß die Haut alle zur Erhaltung des Zell-Lebens notwendigen Substanzen und Energien über die Blut- und Lymphgefäße aus dem Stoffwechsel insgesamt erhält.«[4]

Ernährung der Haut von außen - mit Nanoparts und Liposomen?

Als vor einigen Jahren die ersten Liposomenpräparate auf den Markt kamen, war das eine kleine Sensation auf dem Kosmetikmarkt. Mit den Liposomen – so hieß es überall – ist das Wundermittel gefunden, mit dessen Hilfe die verschiedensten Wirkstoffe in die Haut transportiert werden können. Galt die Barriere der Hornschicht bis dahin als unüberwindbare Hürde, so machten sich jetzt Hersteller und Verbraucher große Hoffnung, über das Trägersystem der Liposome »Hautnährstoffe« in die tieferen Hautschichten bringen zu können – unter anderem auch Stoffe, die ansonsten nur mit der Nahrung zugeführt werden können. Dazu gehören die Hautvitamine A und E, das Panthenol (siehe Seite 38) oder Phospholipide wie das Lecithin. Ernährung der Haut also doch auch von außen? Eine vollständige Versorgung der Haut mit Nährstoffen von außen wird voraussichtlich nie möglich sein. Trotzdem bieten Liposome und Nanoparts interessante und vielversprechende Möglichkeiten, die Ernährung der Haut wenigstens zu unterstützen.

Liposome – »Schmierstoff« für die Haut

Im Grund sind Liposome nichts anderes als mikroskopisch kleine Fettkügelchen. Diese winzigen Hohlkügelchen mit einem Durchmesser von 20 bis 200 Nanometer (1 nm = ein milliardstel Meter) schließen einen wäßrigen Kern ein, in dem wasserlösliche Wirkstoffe enthalten sein können. Dabei bestehen die Kugelhüllen der Liposomen aus einer Doppelschicht von Phospholipiden. Gerade das erwähnte Lecithin wird sehr häufig auch zur Herstellung von Liposomen verwendet.

Phospholipide

Jeder von uns kennt Phospholipide: Das Lecithin gehört beispielsweise dazu. Mit unserer Nahrung führen wir diese fettähnlichen Verbindungen unserem Körper täglich zu. Chemisch gesehen sind Phospholipide Emulgatoren, also Stoffe, die helfen, Wasser und Fett miteinander zu vermischen. Reine Fettmoleküle stoßen Wasser immer ab. Die Phospholipide dagegen haben neben dem wasserabstoßenden Molekülteil einen wasserfreundlichen Anteil, der für die Emulgatoreigenschaften verantwortlich ist.

Phospholipide bestehen aus einem fettabstoßenden und einem wasserabstoßenden chemischen Ende. Bei der Bildung eines Liposoms lagern sich nun zahllose Lecithinmoleküle in einer Doppelschicht aneinander, wobei sie sich gegenseitig an den fettabstoßenden Enden »anfassen«. Diese Doppelschicht krümmt sich schließlich wie die Hülle eines Balls zusammen – und fertig ist das Liposom.

Warum soll es nun gerade diesen Liposomen so leichtfallen, in die Haut einzudringen?

Dafür gibt es neben ihrer Winzigkeit noch ein weiteres wichtiges Argument: Auch in der intakten Hornschicht unserer Haut finden wir eine chemisch ähnlich aufgebaute Lipiddoppelschicht, die auch als »interzellulärer Zement« bezeichnet wird – im Vergleich zu den Li-

posomen fehlt dieser Schicht allerdings die Kugelform. Sie sind eher aufgebaut wie ein undurchdringlicher Palisadenzaun. Die Unversehrtheit dieser Schicht ist eine wichtige Voraussetzung für ein funktionierendes Feuchthaltevermögen unserer Haut und die Regulation ihres Wasserhaushalts. Die täglichen Belastungen, denen unsere Haut ausgesetzt ist, aber auch die vielen Seifen, Shampoos, Spülmittel und andere chemische Substanzen, mit denen wir unsere Haut oft mehr bearbeiten, als ihr guttut, können kleine Lücken in die Schutzschicht reißen.

Die Phospholipide der Liposomen sind nun geradezu ideale Ersatzteile für beschädigte Palisadenstücke.

Das Liposom selbst schleust die Phospholipide in die Räume zwischen den Hornzellen ein. Dort können sie mit den Doppelschichten des interzellulären Zements in Wechselwirkung treten. Der Clou besteht nun darin, daß nicht nur das Lecithin (oder ein anderes Phospholipid) als Hautschutz wirkt, sondern auch der wäßrige Inhalt, der vom Liposom praktisch mit in die Lipiddoppelschicht der Haut eingeschleust wird. Diesen Effekt nutzen die Kosmetikchemiker nun dadurch aus, daß sie es bei der Füllung der Liposomen nicht beim Wasser belassen. Sie »beladen« das Wasser mit Wirkstoffen – zum Beispiel mit wasserlöslichen Hautnährstoffen wie Proteinen (Eiweiß), Enzymen oder Vitaminen (Panthenol). Als besonders wirksam erwiesen sich dabei Liposomenemulsionen, die gegenüber einem Liposomengel verschiedene Vorzüge haben. Der wichtigste: Die Fettphase der Creme »sättigt« die Hornschicht und verhindert, daß die Liposome bereits hier steckenbleiben.

Liposome haben also gleich mehrere positive Effekte für die Haut:

– Sie bewirken ein besseres Eindringen wasserlöslicher Wirkstoffe in die Hornschicht.

– Sie sorgen durch den »Huckepack«-Effekt für eine zielgerichtete Einschleusung von Wirkstoffen in diese Schicht. Offensichtlich kann dieses Einschleusen sogar dazu führen, daß gewisse Wirkstoffdepots in der Haut angelegt werden.

– Sie schützen die Haut vor Feuchtigkeitsverlusten.

Wenn überhaupt, so werden dabei nur sehr geringe Mengen der Wirkstoffe in die tieferen, lebenden Hautschichten eingeschleust. Obwohl sich die Kosmetikhersteller mit dem Anpreisen der Eindringtiefe ihrer Wirkstoffe gerne überbieten, sollte hier der Wirkung von Kosmetika auch eine Grenze gesetzt sein. Schließlich würden Wirkstoffe, die durch Kosmetika in die Blutbahn gelangen, pharmakologischen Charakter entwickeln, was den ursprünglichen Zweck eines kosmetischen Präparats – die optimale Hautpflege – weit übersteigen würde.

Nanoparts – fette Beute für die Haut

Bei allen Vorzügen haben die Liposome allerdings eine Schwäche: Die wichtigen fettlöslichen Wirkstoffe lagern sich nur in kleinen Mengen an der »Außenhaut« der Liposome an. Die Haut wird somit nur in geringem Maß mit diesen Wirkstoffen versorgt. Doch gerade fettlösliche Wirkstoffe, wie Vitamin A und E, sind für die Haut äußerst wichtig Vitamin A sorgt für den normalen Aufbau und die Funktion der

Epidermis; Vitamin E dient als Schutz gegen freie Radikale, speziell solche, die Zellwände zerstören (siehe hierzu auch Seite 63).

Wo die Wirkung der Liposome endet, greifen nun die Nanoparts (auch Nanosome oder Nanobodies genannt) als eine der jüngsten Entwicklungen der Kosmetikforschung ein. Umgeben sind sie von einer Art »umgestülpter«, einfacher Phospholipidhülle. Während die Doppelschicht des Liposomenphospholipids im Inneren Wasser speichert und nur an der äußeren Hülle eine geringe Menge fettlöslicher Substanzen aufnehmen kann, ist das fettfreundliche Molekülende der einfachen Nanopart-Lecithinschicht nach innen gerichtet. Die Folge ist, daß ein Nanopart, das übrigens ungefähr die gleiche Größe wie ein Liposom hat, etwa die dreißigfache Menge an fettlöslichen Wirkstoffen in die Haut transportieren kann. Neben den fettlöslichen Hautvitaminen A und E können damit pflegende Substanzen wie das Macadamianußöl, Jojobaöl und ähnliche fettlösliche Wirkstoffe in die Haut gebracht werden. Von außen sind die Liposome und Nanoparts also kaum zu unterscheiden. Bei beiden handelt es sich um extrem kleine Kügelchen mit einer Hülle aus Lecithin oder einem ähnlichen Phospholipid. Sie verteilen sich deshalb auch gleich in der Haut und fühlen sich in einer Creme auch nebeneinander ausgesprochen wohl. Dabei machen die Nanoparts den Liposomen keine Konkurrenz, im Gegenteil: Auf der Suche nach der »absoluten« Hautpflege ist die Kombination von beiden der *dernier crie* der Kosmetikforschung. Nanoparts und Liposome ergänzen sich geradezu optimal: Während die Liposome die Spezialisten für den Transport der wasserlöslichen Wirkstoffe sind, übernehmen die Nanoparts diese Rolle für die fettlöslichen. Gemeinsam bilden sie die Grundlage für die derzeit ultimative Hautpflege. Als Effekt solcher Präparate beobachtet man eine höhere Wirkstoffkonzentration in der Hornschicht, eine bessere Wirkstoffaufnahme der lebenden Schichten der Oberhaut und eine extrem gute Durchfeuchtung der Hornschicht. Mit ihrer Hilfe gelingt es jetzt, auch fettlösliche Wirkstoffe etwa die wichtigen Vitamine A und E – in die tieferen Hautschichten zu transportieren, wo sie ihre pflegenden, schützenden und regenerierenden Eigenschaften erst voll entwickeln können.

Vitamin E

Ganz aktuell ist die äußerliche Anwendung von Vitmin E. In Cremes oder Lotionen soll es besonders als natürlicher Vitamin-E-d-alpha-Tocopherol-Ester tief in die Oberhaut eindringen und dort seine Schutzfunktion als Antioxidans (siehe Seite 64) gegenüber UV-Strahlen, Ozon und Luftverschmutzung ausüben, indem es sich an die Zellmembran anlagert. Wird das Vitamin E äußerlich angewandt, schützt es nicht nur die Hautzellen vor diesen Radikalen und beugt damit Verschleißerscheinungen vor – zum Beispiel durch zuviel Sonne –, sondern verbessert außerdem die Hautfeuchtigkeit, so daß die Haut zart und geschmeidig bleibt.

Bestimmte Vitamine können auf der Haut mehr als pflegen und schützen. Sie heilen, wo man sie zur Wundbehandlung einsetzt. Auch Vitamin E gehört zu diesen Vitaminen, die

Heilwirkung zeigen. Wenn es darum geht, Entzündungen – zum Beispiel Sonnenbrände – zu lindern, ist Vitamin E, äußerlich angewendet, durch seine entzündungshemmenden Eigenschaften besonders wirksam. Menschen, die zur Ausbildung wulstiger Narben neigen, können durch die Einnahme hoher Vitamin-E-Dosen bei Operationen oder Verletzungen einer zu starken Narbenbildung vorbeugen.

Panthenol

Das Panthenol und seine Vorstufe, die Pantothensäure, gehören zu den B-Vitaminen. Das Panthenol wird nicht umsonst »Schönheitsvitamin« genannt. In Hautpflegepräparaten sorgt es für eine verbesserte Hautfeuchtigkeit, indem es tief in die unteren Hautschichten eindringt und dort Wasser anzieht und bindet. Außerdem regt es – ähnlich wie das Vitamin A – die Zellteilung der Hautzellen an. Auch bei akutem Sonnenbrand heilt und lindert es. Für unsere Haare hat das Panthenol darüber hinaus eine ganz besondere Bedeutung, insbesondere für geschädigtes, splissiges und trockenes Haar. Es wird in vielen Shampoos und Haarpflegepräparaten verwendet, weil es tief in das Haar eindringt und dort wirkt. Das Panthenol schützt die Haare

beim Fönen vor dem Austrocknen; es verhindert Spliß, verleiht dem Haar Glanz und macht es besser kämmbar. Das Vitamin soll sogar bereits bestehende Schäden beseitigen.

Auch bei der Wundheilung spielt das Panthenol eine wichtige Rolle. Wunden, die mit Panthenolsalbe behandelt werden, heilen dreimal so schnell wie unbehandelte. Bei Menschen mit einem hohen Panthenolgehalt im Blut heilen Wunden wesentlich schneller als bei Personen mit einem niedrigen. Wie das Vitamin E beugt auch das Panthenol einer starken Narbenbildung vor.

Der Stoffwechsel der Haut

Neben einem intensiven eigenen Stoffwechsel nimmt die Haut als größtes Organ des menschlichen Körpers an allen Stoffwechselvorgängen teil. Da sie in den gesamten Körperstoffwechsel integriert ist, erhält sie alle Nähr- und Aufbaustoffe über den Blutkreislauf. Von daher verdient die Ernährung und damit die Versorgung der Haut von innen neben einer gezielten kosmetischen Pflege besondere Beachtung.

Stoffwechsel bedeutet Wechsel von körperfremden in körpereigene Stoffe und Energiegewinnung. Daraus ergibt sich eine Aufteilung in den Baustoff- und den Energiestoffwechsel. Für die Aufrechterhaltung der Hautfunktionen ist eine optimale Versorgung mit Baustoffen und Energieträgern unerläßlich. Durch ihre hohe Zellaktivität benötigt die Haut reichlich Energie und ist somit auf eine ausreichende Nährstoffversorgung angewiesen.

Neben dem katabolen Stoffwechsel, bei dem hochmolekulare Lebensmittelinhaltsstoffe abgebaut und so für die Energiegewinnung herangezogen werden, ist gerade auch für die Haut der anabole Stoffwechsel von großer Bedeutung, bei dem Stoffe aufgebaut werden. Neben Wasser und bestimmten Mineralstoffen sind es vor allem die Proteine – als wichtigste Nährstoffgruppe –, die für den Baustoffwechsel unerläßlich sind. Keine Zelle und kein Enzym kann in unserem Körper ohne Eiweiß gebildet werden; auch für viele Hormone sind Eiweißstoffe Aufbausubstanzen.

DIE SCHÖNMACHER

Lebensmittel und Nährstoffe – unsere Schönmacher

Unser Stoffwechsel »braucht« zwar Nährstoffe, aber wir essen und trinken Nahrungsmittel in Form von Speisen und Getränken. Es gibt kein einziges Lebensmittel – mit Ausnahme der Muttermilch in den ersten Lebensmonaten –, das uns allein alle notwendigen Nährstoffe liefern könnte. Erst die Kombination verschiedener Lebensmittel in Form eines vielseitigen Speiseplans macht die Ernährung vollwertig.

Die verschiedenen Nährstoffe haben ganz unterschiedliche Aufgaben im Stoffwechsel. Sie lassen sich aber drei wichtigen Aufgabenbereichen zuordnen:

- Energiebereitstellung
- Aufbau und Erhaltung
- Stoffwechselsteuerung und Gesundheitsschutz

Wir unterscheiden demnach energieliefernde Nährstoffe (Kohlenhydrate – Sammelbegriff für Stärke und Zucker –, Fette und Eiweiß) und nicht energieliefernde essentielle Nährstoffe (Vitamine, Mineralstoffe, Wasser, Ballaststoffe).

Essentiell bedeutet, daß diese Nährstoffe lebensnotwendig sind und unbedingt mit der Nahrung aufgenommen werden müssen, da der Körper sie nicht selbst produzieren kann. Zu diesen essentiellen Nährstoffen gehören auch de mehrfach ungesättigten Fettsäuren und acht Aminosäuren (Eiweißbausteine). Letztendlich ist es natürlich auch lebensnotwendig, genügend Nahrungsenergie aufzunehmen; als Energielieferanten können sich jedoch die einzelnen Nährstoffe in gewissem Maß gegenseitig »vertreten«. Wenn es zum Beispiel beim Hungern oder strengen Fasten zu einem Mangel an Kohlenhydraten kommt, kann aus bestimmten Eiweißbausteinen Zucker gebildet werden. Andererseits kann jeder Überschuß an Nahrungskalorien in Form von Zucker, Eiweiß oder Alkohol in Fett umgewandelt und in den Fettdepots als Energiereserve gespeichert werden.

In einer ausgewogenen Ernährung sollte das Verhältnis der drei Hauptnährstoffe an der täglichen Energiebereitstellung etwa wie folgt aussehen:

Kohlenhydrate	55 – 60 %
Fette	25 – 30 %
Eiweiß	10 – 15 %

Dieses Grundmuster liegt auch unserer Schönheitsdiät (siehe Seite 86) zugrunde.

Wieviel Energie steckt in der Nahrung?

Fett ist konzentrierte Energie. Aber auch im Alkohol steckt ein beträchtlicher Kaloriengehalt. Vergleichen Sie selbst.

1 Gramm Kohlenhydrate liefert 4 kcal bzw. 17 kJ
1 Gramm Eiweiß liefert 4 kcal bzw. 17 kJ
1 Gramm Fett liefert 9 kcal bzw. 38 kJ
1 Gramm Alkohol liefert 7 kcal bzw. 30 kJ

Vorsicht: Alkohol ist natürlich kein Nährstoff, sondern als Bestandteil alkoholischer Getränke ein Genußmittel.

Kohlenhydrate: Das richtige Energiekonzept

Kohlenhydratreiche Lebensmittel (Getreide, Kartoffeln, Hülsenfrüchte, Gemüse und Obst) sind weltweit die wichtigsten Energiequellen in der Ernährung des Menschen. Sie sollten rund 60 Prozent der täglichen Kalorienmenge ausmachen. Leider essen wir heute mit unserer westlichen Wohlstandsernährung immer noch zu wenig Kohlenhydrate – ihr Anteil liegt deutlich unter 50 Prozent. Schuld daran ist nicht zuletzt ihr schlechter Ruf als »Dickmacher«, gegen den die Kohlenhydrate unberechtigterweise kämpfen müssen. So haben gerade die Erkenntnisse der Sportmedizin in den letzten Jahren gezeigt, daß die vermeintlichen Dickmacher vielmehr echte Fitmacher sind, vorausgesetzt, man wählt richtig aus: viel Vollkornprodukte, Kartoffeln, Gemüse und Obst, weniger Zucker und Süßigkeiten. Die guten Erfahrungen, die Fitneßbewußte und Sportler auf der ganzen Welt und aller Disziplinen mit einer kohlenhydratreichen Ernährung machen, tragen erheblich zur Wiederherstellung des guten Rufs der Nahrungskohlenhydrate bei.

Neben den energieliefernden Kohlenhydraten Stärke und Zucker sind die oben genannten unverdaulichen Kohlenhydrate für uns als Ballaststoffe wichtig.

Ballaststoffe sind auf verschiedene Art und Weise gesundheitsfördernd und figurfreundlich.

1. Sie fordern zum guten Kauen und damit langsamen Essen auf.
2. Sie tragen zur Magenfüllung und damit Sättigung bei.
3. Sie stabilisieren den Blutzucker und beugen so Heißhungergefühlen vor.
4. Sie verhindern im Zusammenhang mit viel Trinkflüssigkeit Darmträgheit und Stuhlverstopfung.
5. Als »Putzteufel« des Darms sorgen sie für eine reine Haut.

Gibt es bessere Argumente für mehr Vollkornprodukte und Gemüse wie eine knackig frische Rohkost zu Beginn einer Mahlzeit?

Schlank und schön mit Ballaststoffen

Während man sich früher bei körperlicher Schwer- und Schwerstarbeit mit Fett (Bauernfrühstück mit Speck und Ei) satt essen mußte, sind heute die Ballaststoffe die kalorienarme Sättigungssubstanz für Menschen mit körperlicher Leichtarbeit.

Fette: Qualität statt Quantität

Fette sind die zweite Energiequelle unseres Körpers und haben im Vergleich zu den anderen Nährstoffen eine besonders hohe Energiedichte, sind also konzentrierte Energie.

Da wir aber heute insgesamt weniger Energie benötigen, ist eine fettreiche Kost nicht mehr zeitgemäß. Ernährungswissenschaftler und Mediziner empfehlen, nicht mehr als 30 Prozent der täglichen Kalorien in Form von Nahrungsfetten aufzunehmen. Gegenwärtig sind es aber 40 Prozent. Weniger Fett zu essen, bedeutet mehr Gesundheit und Vorbeugung gegen ernährungsbedingte Krankheiten.

Fett kommt in unserer Ernährung als sichtbares Streich-,

Koch-, Brat- oder Zubereitungsfett vor – zum Beispiel als Butter, Margarine, Pflanzenöl und spezielles Bratfett. Davon sollte ein Erwachsener mit leichter körperlicher Arbeit maximal 30 bis 40 Gramm täglich verzehren. Ebensoviel Fett darf aus fetthaltigen Lebensmitteln wie Fleisch, Wurst, Käse, Backwaren etc. stammen. Hier spricht man oft von verborgenem Fett, weil der Verbraucher es in dieser Form nicht so leicht erkennen kann.

Neben der Menge spielt auch die Fettqualität eine Rolle, das heißt, ein ausgewogenes Verhältnis von mehrfach ungesättigten Fettsäuren (Keimöle und Kaltwasserfisch wie Hering, Makrele, Wildwasserlachs) zu einfach ungesättigten (Olivenöl und Butter) und gesättigten Fettsäuren (gehärtete oder feste Pflanzenfette sowie Fleisch und Wurstwaren) ist wünschenswert. Ausgewogen heißt, daß das Fett, das wir essen, von jeder Fettsäuregruppe ein Drittel enthalten sollte.

Eiweiß – unerläßlicher Baustein für die Haut

Eiweißstoffe, auch Proteine genannt, bestehen aus kettenförmig aneinandergereihten Aminosäuren. Einige dieser Aminosäuren kann unser Körper selbst bilden, andere hingegen müssen wir über die Nahrung aufnehmen. Aminosäuren fördern den Aufbau von Muskeln, Knorpeln, Knochen, Zellen und Bindegewebe. Gerade die Haut ist daher für die Zellerneuerung und für ein straffes Bindegewebe auf eine gute Proteinversorgung angewiesen. Denn die Fasern des Bindegewebes enthalten die Eiweißstoffe Kollagen und Elastin. Kollagen verleiht den Fasern Festigkeit, Elastin sorgt für Dehnbarkeit und Elastizität.

So bekommt die Haut ihr richtiges Fett ab

Ob als Energiespender, Speicherfett oder Grundlage der Talgproduktion – die Haut benötigt Fett. Entscheidend für die Haut ist die Versorgung mit Linolsäure. Diese lebenswichtige zweifach ungesättigte Fettsäure kommt in pflanzlichen Fetten und Ölen vor. Sie transportiert Sauerstoff in die Haut und bringt so die Produktion unserer Hautzellen in Schwung. Außerdem sorgt Linolsäure für die Bildung von Lecithin – ein Phospholipid (siehe Seite 35), das die Haut vor Wasserverlusten schützt und sie straff hält. Auf einen Linolsäuremangel reagieren wir im wahrsten Sinne des Wortes »mit Haut und Haaren«. Die Haut wird trocken, rauh und rissig und neigt zu Ekzemen; die Haare verlieren ihren Glanz und werden stumpf und brüchig. Ernährungswissenschaftler empfehlen täglich zehn Gramm Linolsäure bei insgesamt 25 bis 30 Prozent Fett pro Tag. Für Salatfans ist das kein Problem: Zwei Eßlöffel gutes Pflanzenöl (zum Beispiel Sonnenblumen-, Maiskeim-,

Soja-, Distelöl) im Dressing bringen bereits die wünschenswerte Menge an Linolsäure.

Eiweiß: Aufgabe und Erhaltung

Während von den Hauptnährstoffen Kohlenhydrate (Stärke und Zucker) sowie Fette die eigentlichen Energielieferanten sind, kommt dem Eiweiß eine wichtigere Aufgabe zu, als nur Kalorienlieferant zu sein. Tatsächlich sind Nahrungseiweißstoffe Aufbausubstanzen für alle Körperzellen und für körpereigene Wirkstoffe wie Enzyme und bestimmte Hormone. Auch die körpereigenen Abwehrstoffe des Immunsystems bestehen aus Eiweißbausteinen. Kinder und Jugendliche im Wachstum sowie Leistungssportler, die Krafttraining betreiben, haben einen erhöhten Eiweißbedarf. Erwachsene mit leichter körperlicher Arbeit benötigen täglich etwa 0,8 Gramm Eiweiß pro Kilogramm Körpergewicht, Leistungssportler bis zur doppelten Menge, das heißt 1,6 Gramm. Die Behauptung, daß man viel Fleisch essen muß, um seine Eiweißversorgung zu sichern, ist überholt. Brot, Haferflocken, Nudeln, Reis und Hülsenfrüchte sind pflanzliche Lebensmittel, die viel hochwertiges Eiweiß enthalten. Zudem ist bekannt, daß sich bei den täglichen Mahlzeiten Eiweiß aus den verschiedenen Lebensmitteln zu hochwertigen Proteinkombinationen verbindet, die den Körpereiweißbedarf auch einmal ganz ohne Fleisch decken können.

Vitamine äußerlich angewendet haben keine Ernährungswirkung, sondern einen Schutzeffekt in der oberen Hautschicht.

Besonders hochwertige Proteinkombinationen einmal ohne Fleisch sind folgende Gerichte:
Kartoffeln plus Ei oder
Bohnen plus Mais oder
Milch plus Getreide

Mikronährstoffe: Stoffwechselsteuerung und Gesundheitsschutz

Mikronährstoffe – so werden Vitamine und Mineralstoffe bezeichnet, wobei die Mineralstoffe noch in Mengen- und Spurenelemente unterteilt sind. Die sogenannten B-Vitamine greifen in vielfältiger Weise steuernd als Coenzyme in den Stoffwechsel der Hauptnährstoffe ein, das heißt in den Energie- und Baustoffwechsel. Man bezeichnet sie recht bildhaft als »Zündstoffe für die Leistung«. Die Vitamine C und E sowie das Provitamin A (beta-Carotin) spielen dagegen mehr eine Rolle beim Gesundheitsschutz des Körpers auch gegenüber schädlichen Umwelteinflüssen.

Mineralstoffe wie die Mengenelemente Kalzium und Phosphor sind am Aufbau unserer Knochen und Zähne beteiligt, während das Spurenelement Eisen für den Sauerstofftransport im Blut zuständig ist. Mehr über die Bedeutung der Nährstoffe speziell für die Haut finden sie auf Seite 58.

Vitamine auf einen Blick

Vitamin	Vorkommen	Funktion	Mangelerscheinungen	Wichtige Faktoren, die die Versorgung beeinflussen	Überdosierung
Vitamin B_1 (Thiamin)	Vollkornprodukte, Schweinefleisch, Innereien, Weizenkeime, Haferflocken, Hülsenfrüchte	Im Kohlenhydratstoffwechsel und im Nervensystem	Neuritis (Nervenentzündung), Appetit- und Schlaflosigkeit, Konzentrationsschwäche, Reizbarkeit, Herzstörungen, Beriberi	Chronischer Alkoholmißbrauch, Antazida (magensäurebindende Mittel), Diuretika (harntreibende Mittel)	Nicht bekannt
Vitamin B_2 (Riboflavin)	Milch und Milchprodukte, grünes Blattgemüse, Fisch, Innereien	Im gesamten Stoffwechsel bedeutend, insbesondere für den Aufbau des roten Blutfarbstoffs, den Sehvorgang und das Wachstum	Risse in den Mundwinkeln, Hautveränderungen, Wachstumsstörungen, Sehstörungen und Lichtempfindlichkeit der Augen, glanzlose, brüchige Fingernägel, Anämie	Chronischer Alkoholmißbrauch, Diuretika (harntreibende Mittel), trizyklische Antidepressiva	Nicht bekannt
Vitamin B_6 (Pyridoxin)	Vollkornprodukte, Gemüse, Leber, Kartoffeln, Bananen	Im Eiweißstoffwechsel und bei der Blutbildung	Appetitlosigkeit, Depression, Anämie, Wachstumsstörungen, Muskelschwund, Hautveränderungen, Krämpfe (bei Säuglingen)	Orale Kontrazeptiva (»Pille«), verschiedene Antibiotika, chronischer Alkoholkonsum	Nicht bekannt
Vitamin B_{12} (Cobalamin)	Leber, Fisch, Fleisch, Eier, Milch, Käse	Blutbildung, Gehirnfunktion	Anämie, neurologische Veränderungen, Appetitlosigkeit, Veränderungen der Zungenschleimhaut	Verschiedene Magenerkrankungen, orale Kontrazeptiva (»Pille«), Cimetidin (magensäurehemmendes Mittel), Neomycin (Antibiotikum)	Nicht bekannt
Niacin (Nikotinsäure)	Vollkornprodukte, Hülsenfrüchte, Pilze, Fisch, Fleisch, Innereien	Im gesamten Stoffwechsel	Hautentzündungen, Depressionen, Durchfall, Appetit- und Gewichtsverlust, Schwindel	Chronischer Alkoholmißbrauch	Nicht bekannt
Folsäure	Blattgemüse, Hülsenfrüchte, Sojabohnen, Vollkornprodukte, Leber	Zellteilung, Blutbildung, Eiweißstoffwechsel	Depressionen, Vergeßlichkeit, Schlafstörungen, Anämie, Schleimhautveränderungen im Mund und im Magen-Darm-Trakt	Orale Kontrazeptiva (»Pille«), chronischer Alkoholmißbrauch, Antikonvulsiva (krampflösende Mittel), Antibiotika, Acetylsalicylsäure (Schmerzmittel), Cholestyramin (zur Senkung hoher Cholesterinspiegel)	Nicht bekannt
Biotin	Vollkornprodukte, Hülsenfrüchte, Nüsse, Leber, Eigelb	Im Eiweiß- und Fettstoffwechsel	Mangelerscheinungen treten beim Menschen sehr selten auf, evtl. Hautveränderungen, Haarausfall, Depressionen	Chronischer Alkoholmißbrauch, übermäßiger Verzehr von rohen Eiern	Nicht bekannt
Pantothensäure	In allen Lebensmitteln enthalten, besonders in Leber, Eigelb, Erbsen und Blumenkohl	Im Energie- und Fettstoffwechsel	Mangelerscheinungen sind beim Menschen sehr selten, Verhaltensstörungen, Kribbeln in Händen und Füßen	Antibiotika	Nicht bekannt

Vitamine auf einen Blick

Vitamin	Vorkommen	Funktion	Mangelerscheinungen	Wichtige Faktoren, die die Versorgung beeinflussen	Überdosierung
Vitamin C (Ascorbinsäure)	Zitrusfrüchte, schwarze Johannisbeeren, Paprika, Kartoffeln	Im Bindegewebsstoffwechsel (Haut, Knochen, Zähne), für das Immunsystem, bei Entgiftungsreaktionen und für die Verwertung von Eisen	Müdigkeit, verminderte Widerstandskraft gegen Infektionen, verzögerte Wundheilung, Knochenschmerzen, Skorbut (Blutungen von Haut, Zahnfleisch und inneren Organen)	Rauchen, orale Kontrazeptiva (»Pille«), Acetylsalicylsäure (Schmerzmittel), Streß, chronischer Alkoholkonsum, Glukokortikoide (entzündungshemmende Hormone), Fenfluramin (Appetitzügler)	Bekannt (Durchfall)
Vitamin A (Retinol)	Leber, Butter, Eigelb, Milch, Lebertran; als Vorstufe (Carotin) u. a. in Karotten, Spinat, Grünkohl	Für das Wachstum, für den Sehvorgang, Einfluß auf Haut und Schleimhäute und auf die Schilddrüsentätigkeit	Gestörtes Dämmerungssehen, Haut- und Schleimhautschäden, Wachstumsstörungen, Haarausfall	Chronischer Alkoholmißbrauch, Antazida (magensäurebindende Mittel), paraffinölhaltige Laxanzien (Abführmittel), blutfettsenkende Arzneimittel, verschiedene Antibiotika	Bekannt (Kopfschmerzen, Übelkeit, Erbrechen)
Vitamin D (Calciferol)	Salzwasserfische, Butter, Margarine, Eigelb, Lebertran	Reguliert den Kalzium- und Phosphatstoffwechsel, schützt Knochen und Zähne vor Entkalkung	Bei Kindern: Rachitis (unzureichende Knochenverhärtung), bei Erwachsenen: Osteomalazie/Osteoporose (Entkalkung und Weichwerden der Knochen); Wachstumsstörung, herabgesetzte Muskelkraft, Krämpfe	Antikonvulsiva (krampflösende Mittel), blutfettsenkende Arzneimittel, Glukokortikoide (entzündungshemmende Hormone), paraffinölhaltige Laxanzien (Abführmittel)	Bekannt (Kalkablagerungen in weichen Geweben)
Vitamin E (Tocopherol)	Pflanzliche Öle, ölhaltige Samen, Weizenkeime, Haferflocken, Eier	Schutz der ungesättigten Fettsäuren sowie der Zellwände	Mangelerscheinungen treten beim Menschen sehr selten auf, evtl. Störungen des Muskelstoffwechsels, verkürzte Lebensdauer der roten Blutkörperchen	Orale Kontrazeptiva (»Pille«), blutfettsenkende Arzneimittel, paraffinölhaltige Laxanzien (Abführmittel)	Bekannt (Kopfschmerzen, Übelkeit, Muskelschwäche)
Vitamin K (Phyllochinon)	Leber, Blattgemüse, Milch, wird auch durch Darmbakterien gebildet	Bei der Blutgerinnung	Verlängerung der Blutgerinnungszeit, erhöhte Blutungsneigung	Antibiotika, Antikonvulsiva (krampflösende Mittel), paraffinölhaltige Laxanzien (Abführmittel), blutfettsenkende Arzneimittel	Nicht bekannt

Mineralstoffe auf einen Blick

Mineralstoff	Vorkommen	Funktion	Mangelerscheinungen	Besondere Hinweise
Kalzium	Milch und Milchprodukte, Grünkohl, Hülsenfrüchte, Nüsse	Baustein der Knochen und Zähne: notwendig für die Funktion von Nerven, Muskeln und Herz und für die Blutgerinnung	Osteoporose (Knochenentkalkung), Muskelkrämpfe	Der Körper kann nur dann ausreichend mit Kalzium versorgt werden, wenn er genügend Vitamin D erhält
Magnesium	Milch und Milchprodukte, Fisch, Vollkornprodukte, grünes Blattgemüse	Knochenbaustein: notwendig für die Muskeltätigkeit: aktiviert viele Stoffwechselvorgänge	Selten Muskelkrämpfe, Muskelschwäche	Mangelerscheinungen können bei chronischem Alkoholkonsum, langanhaltendem Durchfall und Mißbrauch von Abführmitteln auftreten
Natrium	Kochsalz, Wurst, Käse, Fertiggerichte, Dosengemüse, Brot	Erhält die Gewebespannung: notwendig für die Funktionsfähigkeit von Nerven und Muskeln	Niedriger Blutdruck, schneller Puls, Muskelkrämpfe	Achtung: Unsere Natriumaufnahme ist zu hoch! Gefahr von Bluthochdruck
Kalium	Hülsenfrüchte, Obst, Gemüse, Kartoffeln, Getreideprodukte	Fördert den Wasserentzug aus den Geweben: notwendig für die Funktion von Nerven und Muskeln	Muskelschwäche, Störungen der Herzfunktion	Mangelerscheinungen können bei langanhaltendem Durchfall und bei der Einnahme von Diuretika (harntreibenden Mitteln) auftreten
Eisen	Gemüse, Vollkornprodukte, Hülsenfrüchte, Fleisch, Leber	Bestandteil der roten Blutkörperchen	Anämie, Abgeschlagenheit, Erschöpfung: bei Kindern: Wachstumsstörungen, Anfälligkeit für Infektionskrankheiten	Menstruierende Frauen haben einen erhöhten Eisenbedarf
Jod	Seefisch, jodiertes Speisesalz	Bestandteil der Schilddrüsenhormone	Jodmangelkropf, Schilddrüsenunterfunktion	Die Jodaufnahme ist in Gegendem mit niedrigem Fischverzehr zu gering, es empfiehlt sich die Verwendung von jodiertem Speisesalz

Quelle: Richtig essen, Gesellschaft für Ernährungsberatung Bonn, Dr. Hahn u.a.

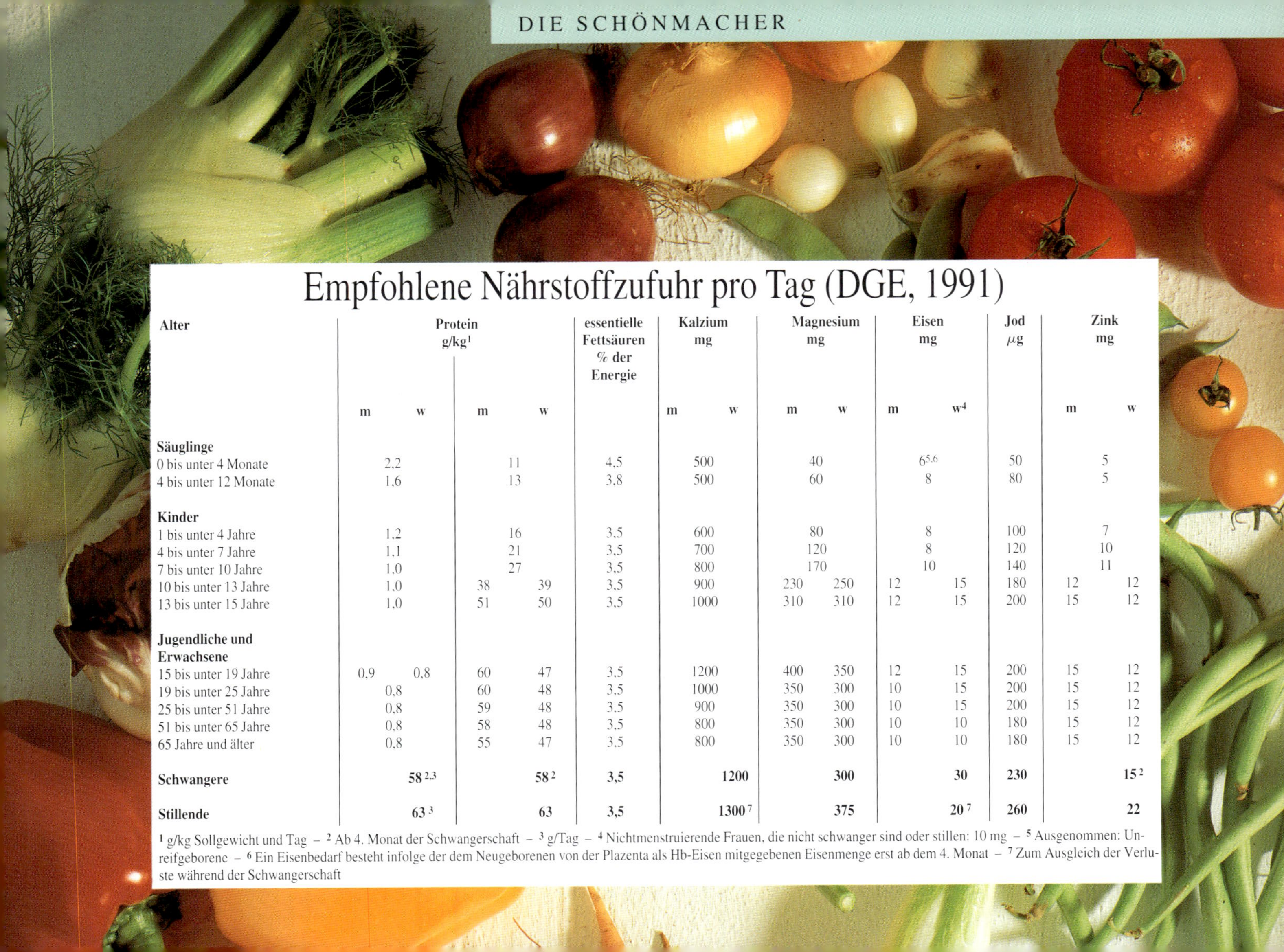

Empfohlene Nährstoffzufuhr pro Tag (DGE, 1991)

Alter	Protein g/kg[1] m	Protein g/kg[1] w	Protein m	Protein w	essentielle Fettsäuren % der Energie	Kalzium mg m	Kalzium mg w	Magnesium mg m	Magnesium mg w	Eisen mg m	Eisen mg w[4]	Jod µg	Zink mg m	Zink mg w
Säuglinge														
0 bis unter 4 Monate	2,2		11		4,5	500		40		6[5,6]		50	5	
4 bis unter 12 Monate	1,6		13		3,8	500		60		8		80	5	
Kinder														
1 bis unter 4 Jahre	1,2		16		3,5	600		80		8		100	7	
4 bis unter 7 Jahre	1,1		21		3,5	700		120		8		120	10	
7 bis unter 10 Jahre	1,0		27		3,5	800		170		10		140	11	
10 bis unter 13 Jahre	1,0		38	39	3,5	900		230	250	12	15	180	12	12
13 bis unter 15 Jahre	1,0		51	50	3,5	1000		310	310	12	15	200	15	12
Jugendliche und Erwachsene														
15 bis unter 19 Jahre	0,9	0,8	60	47	3,5	1200		400	350	12	15	200	15	12
19 bis unter 25 Jahre	0,8		60	48	3,5	1000		350	300	10	15	200	15	12
25 bis unter 51 Jahre	0,8		59	48	3,5	900		350	300	10	15	200	15	12
51 bis unter 65 Jahre	0,8		58	48	3,5	800		350	300	10	10	180	15	12
65 Jahre und älter	0,8		55	47	3,5	800		350	300	10	10	180	15	12
Schwangere		**58[2,3]**		**58[2]**	**3,5**		**1200**		**300**		**30**	**230**		**15[2]**
Stillende		**63[3]**		**63**	**3,5**		**1300[7]**		**375**		**20[7]**	**260**		**22**

[1] g/kg Sollgewicht und Tag – [2] Ab 4. Monat der Schwangerschaft – [3] g/Tag – [4] Nichtmenstruierende Frauen, die nicht schwanger sind oder stillen: 10 mg – [5] Ausgenommen: Unreifgeborene – [6] Ein Eisenbedarf besteht infolge der dem Neugeborenen von der Plazenta als Hb-Eisen mitgegebenen Eisenmenge erst ab dem 4. Monat – [7] Zum Ausgleich der Verluste während der Schwangerschaft

Empfohlene Vitaminstoffzufuhr pro Tag (DGE, 1991)

Alter	Vit.A mg RÄ[8]		Vit.D μg	Vit.E mg TÄ[9]	Vit.K μg		Thiamin mg		Riboflavin mg		Niacin mg NÄ[10]		Vit.B_6 mg		Folsäure μg		Vit.B_{12} μg	Vit.C mg
	m	w			m	w	m	w	m	w	m	w	m	w	11	12		
Säuglinge																		
0 bis unter 4 Monate	0,5		10	3	5		0,3		0,3		5		0,3		–	40	0,5	40
4 bis unter 12 Monate	0,6		10	4	10		0,4		0,5		6		0,6		80	40	0,8	50
Kinder																		
1 bis unter 4 Jahre	0,6		5	6	15		0,7		0,8		9		0,9		120	60	1,0	55
4 bis unter 7 Jahre	0,7		5	8	20		1,0		1,1		12		1,2		160	80	1,5	60
7 bis unter 10 Jahre	0,8		5	9	30		1,1		1,2		13		1,4		200	100	1,8	65
10 bis unter 13 Jahre	0,9	0,9	5	10	40	40	1,2	1,2	1,4	1,3	15	14	1,6	1,5	240	120	2,0	70
13 bis unter 15 Jahre	1,1	1,0	5	12	50	50	1,4	1,2	1,5	1,4	17	15	1,8	1,6	300	150	3,0	75
Jugendliche und Erwachsene																		
15 bis unter 19 Jahre	1,1	0,9	5	12	70	60	1,6	1,3	1,8	1,7	20	16	2,1	1,8	300	150	3,0	75
19 bis unter 25 Jahre	1,0	0,8	5	12	70	60	1,4	1,2	1,7	1,5	18	15	1,8	1,6	300	150	3,0	75
25 bis unter 51 Jahre	1,0	0,8	5	12	80	65	1,3	1,1	1,7	1,5	18	15	1,8	1,6	300	150	3,0	75
51 bis unter 65 Jahre	1,0	0,8	5	12	80	65	1,3	1,1	1,7	1,5	18	15	1,8	1,6	300	150	3,0	75
65 Jahre und älter	1,0	0,8	5	12	80	65	1,3	1,1	1,7	1,5	18	15	1,8	1,6	300	150	3,0	75
Schwangere		**1,1**[2]	**10**[2]	**14**[2]		**65**[2]		**1,5**[2]		**1,8**[2]		**17**[2]		**2,6**[2]	**600**	**300**	**3,5**[13]	**100**[2]
Stillende		**1,8**	**10**	**17**		**65**		**1,7**		**2,3**		**20**		**2,2**	**450**	**225**	**4,0**	**125**

[8] 1mg Retinol-Äquivalent = 6 mg all-trans-β-Carotin = 12 mg andere Provitamin A-Carotinoide = 1,15 mg all-trans-Retinylacetat = 1,83 mg all-trans-Retinylpalmitat – [9] 1 mg RRR-α-Tocopherol-Äquivalent = 1,1 mg RRR-α-Tocopherylacetat = 2 mg RRR-β-Tocopherol = 4 mg RRR-γ-Tocopherol = 100 mg RRR-δ-Tocopherol = 3,3 mg RRR-α-Tocotrienol = 1,49 mg all-rac-α-Tocopherylacetat – [10] 1 mg Niacin-Äquivalent = 60 mg Tryptophan – [11] Berechnet auf »Gesamtfolat« (Summe folatwirksamer Verbindungen in üblicher Nahrung) – [12] Folat-Äquivalente bzw. freie Folsäure (Pteroyl-monoglutamat) – [13] Insbesondere zur Erhaltung der Nährstoffdichte

Welche Nährstoffe sind in welchen Lebensmitteln enthalten?

Einen ersten Überblick über den Zusammenhang von Lebensmitteln und Nährstoffen gibt der folgende Lebensmittelkreis mit den wichtigsten Schönmachern aus der Küche. Die Getreide-, Kartoffel-, Gemüse- und Obstgruppen sind größer gezeichnet, weil sie mengenmäßig den Hauptanteil unserer Mahlzeiten ausmachen sollten. Hinzu kommen als eiweißreiche Ergänzungen Milch oder Milchprodukte, Fleisch, Eier und (See-)Fisch. Für die restlichen beiden Abschnitte gilt: genügend Trinkflüssigkeit und sparsamer Umgang mit Fett. Ein wichtiges Kriterium für die bewußte Lebensmittelauswahl ist die Nährstoffdichte.

Was bedeutet eigentlich Nährstoffdichte?

Nur unbelehrbare Dauerdiäter denken heutzutage noch in Kalorien. Viel wichtiger als die Quantität – die Kalorien also – ist jedoch die Qualität, das heißt der Anteil an lebensnotwendigen Nährstoffen in unserer Nahrung. Dieser neue Qualitätsmaßstab für Lebensmittel wird als Nährstoffdichte bezeichnet.

Weil wir körperlich nicht mehr so schwer arbeiten und uns ganz allgemein weniger bewegen, ist zwar der Kalorienbedarf zurückgegangen, der Bedarf an Vitaminen, Mineralstoffen und Ballaststoffen ist dagegen gleich geblieben. Das bedeutet: Wir müssen mit weniger Nahrungskalorien einen unvermindert hohen – aufgrund unserer modernen Lebensweise sogar zum Teil erhöhten – Bedarf an lebensnotwendigen Nährstoffen abdecken. Dieses Verhältnis von Qualität zu Quantität wird mit Nährstoffdichte bezeichnet. Lebensmittel mit einer hohen Nährstoffdichte haben in bezug auf die Kalorien viele Vitamine und Mineralstoffe. Vollkornprodukte, Gemüse, Kartoffeln, Hülsenfrüchte, Obst, Milch, fettarme Milchprodukte und Fisch sowie mageres Fleisch schneiden hier besonders gut ab. Wußten Sie schon, daß Grünkohl, Brokkoli, grüne Bohnen und Feldsalat, aber auch viele Beerenfrüchte hinsichtlich der Nährstoffdichte »Spitzenreiter« sind? Gemüse und Obst sind natürlich »leicht« und sollten täglich gegessen werden.

Der amerikanische Ernährungswissenschaftler Roy E. Vartabedian[5] geht in seinen Überlegungen noch weiter. Im Gegensatz zur herkömmlichen Nährstoffdichteberechnung, die immer nur für einen Nährstoff gilt, schaffte er einen umfassenden Ansatz, der alle wertgebenden Eigenschaften eines Lebensmittels (Vitamine, Mineralstoffe, Ballaststoffe) mit den einzuschränkenden Faktoren (Kalorien, Gesamtfett, gesättigte Fettsäuren, Cholesterin, Zucker, Alkohol und Kochsalz) verrechnet. Ergebnis ist der Nutripoint, ein Orientierungspunkt für die Lebensmittelauswahl, der zudem den Bedarf des Körpers berücksichtigt, weil die Nährstoffzufuhrempfehlungen in die Berechnungsgrundlage mit einfließen.

Trends innerhalb der einzelnen Nahrungsgruppen

Nicht alle Lebensmittel sind für Ihre Schönheitsdiät gleichermaßen gut geeignet. Verbote gibt es zwar keine, satt essen sollten Sie sich allerdings mit Lebensmitteln, die eine hohe Nährstoffdichte aufweisen.

Gemüse

Wenn Sie die Gemüsearten mit hoher Nährstoffdichte oder Nutripoint-Zahl suchen, so halten Sie sich am besten an die leichten und knackigen Blattgemüse wie Spinat, Römischer Salat, Feldsalat, Brunnenkresse oder Mangold. Sie haben allesamt weniger Kalorien und besonders hohe Nutripoints. Den Blattgemüsen folgen die Kohlgemüse, zu denen zum Beispiel Brokkoli, Blumenkohl, Grünkohl und Rosenkohl zählen, aber auch ein so nahrhaftes Gemüse wie der Spargel. Sie enthalten sehr viel Vitamin A und C (die American Cancer Society empfiehlt eben diese Vitamine als Mittel zur Minderung des Krebsrisikos) sowie Ballaststoffe und Kalzium. Zu den Spitzenreitern gehören auch Rettich, Paprika sowie Möhren und die stark wasserhaltigen Tomaten, Kürbisse und Okras, die ebenfalls einen hohen Gehalt an Vitamin A und C sowie an Ballaststoffen aufweisen.

1. Getreide, Getreideprodukte und Kartoffeln
Kohlenhydrate, Ballaststoffe, Vitamine, Eiweiß

2. Gemüse und Hülsenfrüchte
Vitamine, Mineralstoffe, Eiweiß, Ballaststoffe, Kohlenhydrate

3. Obst
Vitamine, Mineralstoffe

4. Getränke
Wasser

5. Milch und Milchprodukte
Eiweiß, Kalzium, B-Vitamine

6. Fisch, Fleisch und Eier
Eiweiß, Jod, Vitamine, Eisen

7. Fette und Öle
Fett, fettlösliche Vitamine, essentielle Fettsäuren

Obst

Betrachtet man die Obstsorten, so fällt sofort auf, daß die tropischen Früchte an vorderster Stelle rangieren. Melonen, Papayas, Guaven, Mangos und Kiwis zählen hier zu den Arten mit den höchsten Nutripoints. Diese Früchte haben einen sehr hohen Gehalt an Vitamin C und Ballaststoffen, gleichzeitig jedoch nur sehr wenige Kalorien. Nach den tropischen kommen die Zitrusfrüchte, wie etwa Orangen, Mandarinen, Grapefruits, gefolgt von den Beerenfrüchten, wie zum Beispiel Himbeeren, Blaubeeren und Preiselbeeren. Die meisten dieser Obstsorten enthalten viel Vitamin A und C sowie Ballaststoffe und in relativ hohen Mengen auch Mineralstoffe.

Der Nutripoint-Wert oder die Nährstoffdichte wird durch Zusatz von Zucker, Salz oder Fett vermindert. Obstkuchen sind vom ursprünglichen Nährwert der frischen Früchte weit entfernt. Konfitüre, Gelees und Konserven schneiden schlechter ab, da durch den Verarbeitungsprozeß Vitamine und Ballaststoffe verlorengehen und Zucker hinzugefügt wurde. Natürlich schneidet ein Vollkornbrot mit Quark und Konfitüre als Mahlzeit wieder besser ab.

Getreide und Getreideprodukte

An der Spitze der Nutripoint-Skala für Getreideprodukte stehen Vollkorngetreide, Weizenkeime und Vollkornprodukte. Je geringer der Verarbeitungsgrad und der Zusatz von Zucker, Salz und Fett, desto höher ist ihr Wert. Ein selbstgemachtes Müsli aus Vollkornweizenflocken oder -haferflocken mit frischem Obst und fettarmem Joghurt hat mehr Vitamine und Mineralstoffe als ein Fertigmüsli mit hohem Zuckeranteil. Probieren Sie doch einmal die vielen Vollkornbrotsorten aus. Es muß ja nicht immer grobkörniges Roggenvollkornbrot sein. Feinkrumiges Weizenvollkornbrot ist sehr bekömmlich, ebenso wie die verschiedenen Vollkornknäckebrote.

Hülsenfrüchte

Sie sollten viel häufiger in den Speiseplan aufgenommen werden, als es zur Zeit üblich ist. Früher wurde wenigstens einmal wöchentlich ein Eintopf mit Hülsenfrüchten gegessen. Nach den Nutripoint-Empfehlungen sollten mehrmals in der Woche Erbsen, Bohnen, Linsen oder andere Hülsenfrüchte auf dem Speiseplan stehen, denn sie stellen eine gute Alternative zum Fleisch dar. Sie sind eiweiß- und ballaststoffreich, zudem versorgen sie uns mit wertvollen Vitaminen und Mineralstoffen. Den höchsten Nutripoint haben Sojabohnensprossen (Keimlinge), Bohnen und Erbsen. Aber auch Linsen und Tofu (sogenannter Sojaquark) sind sehr wertvoll. Von Vorteil ist, daß keines dieser pflanzlichen Produkte Cholesterin enthält.

Milch und Milchprodukte, Eier

Milch und fettarme Milchprodukte sollten ein wichtiger Bestandteil unserer täglichen Ernährung sein, vor allem bei der Versorgung mit hochwertigem Eiweiß, dem Knochen- und Zahnbaustein Kalzium sowie wichtigen Vitaminen wie dem Vitamin B_2, das auch für die Haut eine große Bedeutung hat. Da Fett und Cholesterin »negativ« bewertet werden, schneiden fettarme Milchprodukte wie Magermilch, Magermilchpulver und -joghurt recht gut ab. Für Kinder und schlanke Erwachsene ist allerdings Vollmilch oder Milch mit 3,5 Prozent Fett eine gute Quelle für die beiden fettlöslichen Vitamine A und D. Tip: Käse ist im Durchschnitt fettärmer als Wurst. Wer weichen Käse wählt, kann ohne weiteres auf das Streichfett verzichten.

Eier sind nährstoffreich. Während Vitamine und Mineralstoffe ebenso wie Fett und Cholesterin im Eidotter konzentriert sind, ist das Eiklar vor allem eiweißreich.

Fleisch, Geflügel, Fisch

Diese Lebensmittelgruppe liefert hochwertiges Eiweiß, wichtige B-Vitamine sowie neben Mineralstoffen wertvolle Spurenelemente wie Eisen, Zink und Selen (Fleisch) sowie Jod (Seefisch). Fettarme Produkte (mageres Rind- und Schweinefleisch, Geflügelfleisch und fettarme Fische, zum Beispiel gedünstet oder gegrillt) schneiden, was die Nutripoints oder Nährstoffdichte betrifft, sehr günstig ab - übrigens auch Muscheln, Innereien und freilebendes Wild, die jedoch wegen ihres Cholesterin- und möglichen Schadstoffgehalts (Kontamination) nur mit Einschränkungen verzehrt werden sollen. Wurst rangiert auf der Skala weiter unten, abhängig vom Fett- und Kochsalzgehalt. Essen Sie insgesamt weniger Wurst, und machen Sie Fleisch eher zur Beilage einer Mahlzeit mit reichlich Gemüse.

Fazit

Innerhalb eines ausgewogenen Speiseplans dürfen wir uns alles schmecken lassen, aber von allem das persönlich richtige Maß. Dann ist die Ernährung vollwertig und bedarfsangepaßt.

Die Hitliste der Fit- und Schönmacher nach dem Nutripoint-System[5]

Gruppe
Gemüse

Spinat, roh
Pak-choi, roh
Chinakohl, roh
Rettich, roh
Römischer Salat, roh
Feldsalat, roh
Brokkoli, frisch, gegart
Grünkohl, frisch, gegart
Paprika, roh

Gruppe
Getreideprodukte

Vollgetreide
Getreidesprossen
Getreidekeime
Knäckebrot
Vollkornbrötchen mit Kleie
Roggenvollkornmehl
Weizenvollkornmehl
Vollkornbrot
Hirse
Wilder Reis
Vollkornhaferflocken

Gruppe
Milch/Milchprodukte inkl. Eier

Kochkäse, Magerstufe
Schmelzkäse, 10 % Fett i. Tr.
Magermilchpulver/Magermilch
Buttermilch
Quark, Magerstufe
Magermilchjoghurt
Dickmilch, 1,5 % Fett
Trinkmilch, 1,5 % Fett
Eiklar
Körniger Frischkäse

Gruppe
Obst (jeweils roh)

Cantaloup-Melone
Guave
Papaya
Erdbeeren
Johannisbeeren
Kiwi
Himbeeren
Orangen
Honigmelone
Grapefruit

Gruppe
Hülsenfrüchte/Nüsse/Samen

Mungobohnensprossen (Sojabohnensprossen), frisch
Erbsen, tiefgefroren, gegart
Kidneybohnen, Konserve
Linsen, gegart
Dicke Bohnen, getrocknet
Sojabohnen, gegart
Tofu
Sonnenblumenkerne
Sesam, geröstet
Leinsamen, geschrotet

Gruppe
Fleisch/Geflügel/Fisch (evtl. Schadstoffbelastungen wurden nicht berücksichtigt)

Fisch (Lachs, Seezunge, Schellfisch, Scholle), gegart oder gegrillt
Muscheln, gegart
Thunfisch aus der Dose, in Wasser eingelegt
Kalbsleber, gebraten (Cholesterin)
Wildfleisch, gebraten
Tatar, frisch
Brathähnchen/Putenbrust
Rinderfilet
Lammfilet
Schweinefilet

Wasser: Lebensmittel Nr. 1 – auch für die Haut

Wasser ist nicht nur mengenmäßig unser wichtigster Nährstoff. Immerhin ist es Hauptbestandteil des Körpers, und wir benötigen täglich zirka zweieinhalb Liter davon. Pro Stunde schweißtreibender Beschäftigung erhöht sich der Wasserbedarf noch um einen Liter. Wasser ist unser wichtigstes Transport- und Kühlmittel. Ohne Wasser sind keine chemischen Reaktionen in unserem Stoffwechsel möglich. Außerdem wird es für den Abtransport und die Ausscheidung von Stoffwechselprodukten gebraucht. Wasser wird also für eine gesunde Herz-Kreislauf- und Nierenfunktion benötigt. Genügend trinken ist daher lebenswichtig.

Wasser – wichtig für eine schöne Haut

Auch der knackigste Apfel wird trocken und schrumpelig, wenn er zu lange gelagert wird. Denn mit der Zeit verdunstet immer mehr von der Flüssigkeit, die den Apfel anfangs so schön prall aussehen läßt. Auch unsere Haut ist auf das kalorienfreie Naß angewiesen. Es ist ein unentbehrlicher Baustein für funktionstüchtige Hautzellen. Die Haut eines 65 Kilogramm schweren Menschen enthält ca. 7,5 Kilogramm Wasser! Erst diese Feuchtigkeit von innen läßt die Haut rosig und elastisch erscheinen. Wer zu wenig trinkt, wird dies schnell an seiner schlaff wirkenden Haut feststellen. Die Haut bekommt kleine Knitterfältchen und verliert an Spannung. Denn bei einem Flüssigkeitsmangel werden die Wasserdepots der Haut im Vergleich zu anderen Flüssigkeitsspeichern des Körpers ganz besonders stark entleert. Wasser transportiert in Form der Blutflüssigkeit außerdem lebenswichtige Nährstoffe und Sauerstoff zu den Zellen.

Wer muß besonders auf genügend Trinkflüssigkeit achten?

Kinder und Jugendliche im Wachstum, Sportler, Personen, die eine Reduktionsdiät durchführen und Senioren, bei denen das Durstgefühl oft vermindert ist, müssen besonders darauf achten, genug zu trinken. Der größte Teil unseres täglichen Wasserbedarfs von zweieinhalb Litern wird durch Getränke gedeckt (etwa 1,5 Liter). Wasser ist aber auch in zum Teil recht hoher Menge in Lebensmitteln wie Gemüse, Obst und Brot enthalten. Ein geringer Wasseranteil wird schließlich bei der »Verbrennung« von Nährstoffen im Stoffwechsel gebildet.

Empfehlenswerte Durstlöscher

– Wasser und Mineralwasser (magnesiumreiches mit zirka 100 mg Magnesium und mehr bevorzugen)
– Verdünnte Fruchtsäfte (z. B. Apfelsaftschorle)
– Frisch gepreßte Fruchtsäfte
– Gemüsesäfte
– Tee (Schwarz-, Kräuter- und Früchtetee)

– Kaffee (nicht mehr als drei bis vier Tassen pro Tag)
– Buttermilch, Trinkmolke

Tip: Abwechslungsreich und über den Tag verteilt trinken. Und vergessen Sie Ihr tägliches Schönheitselixier nicht – die Flasche (magnesiumreiches) Mineralwasser.

Was Mineralstoffe und Vitamine im einzelnen für die Schönheit von Haut, Haaren und Nägeln leisten

Unsere Haut ist ein wahres Hochleistungsorgan: Klimaanlage, Schutzschild, Sinnesorgan und ein unermüdlicher Produzent neuer Zellen. Allerdings nur so lange, wie ausreichend Energie und Aufbaustoffe zur Verfügung stehen. In die Vorgänge des Energie- und Baustoffwechsels greifen Vitamine und Mineralstoffe steuernd ein, teilweise sind sie selbst Bausteine. Etwa zwanzig verschiedene Mineralstoffe sind für den menschlichen Organismus lebensnotwendig. Eine schlechte Versorgung mit Mineralstoffen wirkt sich immer auf den ganzen Körper aus, und so natürlich auch auf Haut, Haare und Nägel. Glanzlose Haare, eine schlecht durchblutete Haut oder brüchige Fingernägel weisen auf eine Unterversorgung hin. Welcher spezielle Mineralstoff fehlt, kann nur der Arzt mit einer detaillierten Blutuntersuchung klären.

Entsprechend des mengenmäßigen Vorkommens im Körper unterteilen Wissenschaftler – wie bereits erwähnt – die Mineralstoffe in Mengenelemente und Spurenelemente. Einige dieser Substanzen haben ganz besonders wichtige Aufgaben für die Erhaltung der Schönheit.

Kritische Mineralstoffe

Aufgrund unserer gegenwärtigen Ernährungssituation ist bei vielen Menschen die Versorgung mit Kalzium, Eisen, Jod und Zink – teilweise auch Selen – nicht zufriedenstellend.

Kalzium – der Stabilisator

Je älter wir werden, desto höher ist der Kalziumgehalt der Haut. Besonders die Lederhaut und die schützende Hornschicht der Oberhaut enthalten viel Kalzium. In frischen Narben steigt der Kalziumgehalt sogar auf das Dreifache an, denn Kalzium spielt eine wichtige Rolle bei der Wundheilung und Blutgerinnung. Schuppige Reizhaut, Ekzeme, brüchige Nägel und Haarausfall deuten häufig eine schlechte Kalziumversorgung an.

Magnesium – der Aktivator

Magnesium ist einerseits Baustoff für die Haut, andererseits auch Bestandteil vieler Enzyme (sogenannte Stoffwechselbeschleuniger), die in den Hautstoffwechsel eingreifen. Magnesium ist daran beteiligt, daß die Zellwände durchlässig und stabil bleiben. Durchblutungsstörungen als Folge eines Magnesiummangels beschleunigen die Hautalterung und lassen die Haut matt und müde aussehen. Rauhe Haut, eingerissene Mundwinkel, Haarausfall oder -spliß und brüchige Fingernägel weisen häufig auf eine schlechte Magnesiumversorgung hin.

Eisen – für den Sauerstofftransport

Ob nun Rotwein mit Ei oder gar ein über Nacht mit rostigen Nägeln gespickter Apfel – die Volksheilkunde rückt(e) Bleichsüchtigen und Blutarmen mit den verschiedensten Hausmittelchen zu Leibe. Denn hinter deren Blässe, Antriebslosigkeit und Leistungsschwäche verbarg sich meist ein Eisendefizit, unter dem besonders junge Frauen litten und leiden. Auch die Haut und ihre Anhangsorgane, die Haare, reagieren auf Eisenmangel. Fehlt Eisen, läuft der Hautstoffwechsel auf Sparflamme, denn jeder Energieumsatz des menschlichen Körpers ist an Eisen gekoppelt. Eisen ist übrigens auch im Farbpigment roter Haare enthalten. Wer unter Eisenmangel leidet, hat oft glanzlose, struppige Haare – sogar Haarausfall ist möglich. Auch sogenannte flache dünne und brüchige »Löffelnägel« sind ein Zeichen dafür, daß der Eisenhaushalt nicht stimmt. Hinzu kommen häufig rauhe, entzündliche Haut und eingerissene Mundwinkel (Rhagaden).

Zink – für die Abwehrkräfte

Zink ist Bestandteil mehrerer Enzyme des Eiweißstoffwechsels und wichtig für das Immunsystem. Fehlt dieses Spurenelement, kommt es zu massiven Störungen dieser hochkomplizierten Systeme. Das kann sich beispielsweise in Wachstumsstörungen, einer verzögerten Wundheilung sowie Haut-, Haar- und Nagelveränderungen bemerkbar machen. Bei einer schlechten Zinkversorgung treten häufig Ausschläge, Ekzeme und chronische Pilzinfektionen der Haut auf. Charakteristisch sind auch Haarausfall und streifige oder fleckige Nägel. Zinksalbe zählt zu den bewährten Mitteln, um Haut- und Gewebeheilung zu verbessern. Bei Hauterkrankungen durch Zinkmangel verordnen Hautärzte oft zusätzlich spezielle Zinkpräparate zum Einnehmen. In der letzten Zeit macht Zink auch als wirksame Hilfe gegen Akne von sich reden, endgültige Erkenntnisse stehen allerdings noch aus. Nach neueren Forschungen ist Zink offenbar notwendig, damit der Körper Vitamin A voll verwerten kann.[6] Möglicherweise ist ein Zinkmangel auch an einem verminderten Wachstum der Bindegewebszellen schuld.[7]

Kupfer – für die Farberhaltung

Auch das Spurenelement Kupfer hat als Enzymbaustein für die Haut eine wichtige Bedeutung. Kupfer ist an der Bildung des Hautfarbstoffs Melanin und der Verhornung der Hautzellen beteiligt. Bei einem Kupfermangel kommt es zu Pigmentstörungen; die Haare ergrauen, und es entstehen einzelne, helle Hautbezirke. Durch Störungen des Verhornungsprozesses verstärkt sich die Schuppenbildung. Außerdem ist Kupfer für den Elastin- und Kollagenstoffwechsel im Bindegewebe notwendig. Zu wenig Kupfer führt zu einem Elastizitätsverlust des Bindegewebes. Allerdings kommt ein ausgeprägter Kupfermangel hierzulande bei einer ausgewogenen Ernährung kaum vor. Zwar wird diesem Spurenelement immer wieder eine besondere Heilfähigkeit nachgesagt und damit Schwerkranken Hoffnung gemacht oder Gutgläubigen ins Portemonnaie gegriffen – doch auch die Kupfer-Forschung steckt derzeit noch in den Kinderschuhen.

Silicium – der Strukturbildner

Erst seit einigen Jahren ist bekannt, daß das Spurenelement Silicium für den Menschen lebensnotwendig ist. Derzeit gibt es noch keine Empfehlungen, wieviel Silicium wir wirklich brauchen. Aus der Verbindung von Silicium und Sauerstoff entsteht Siliciumdioxid, besser bekannt als Kieselsäure, die hauptsächlich in Pflanzen vorkommt. In der ernährungswissenschaftlichen Fachliteratur [8] sind keine Siliciummangelerscheinungen beim Menschen beschrieben. Auch in den neuesten Empfehlungen für die Nährstoffzufuhr der Deutschen Gesellschaft für Ernährung (1991) werden keine Angaben für die wünschenswerte Siliciumaufnahme gemacht. Anhänger der Naturheilkunde brachten jedoch schon vor knapp 15 Jahren eine schlechte Versorgung mit Kieselsäure mit Symptomen wie Haarausfall, Furunkulose, Akne und Hautjucken in Verbindung.[9] Erwiesen scheint jedenfalls die wachstumsfördernde Wirkung von Kieselsäure. Sie kommt unter anderem im Bindegewebe und als strukturbildender Faktor in Haut, Haaren und Fingernägeln vor. Menschen mit brüchigen Nägeln, welker Haut, Haarausfall oder einem schwachen Bindegewebe mangelt es an den betroffenen Stellen häufig auch besonders an Kieselsäure. Nach dem heutigen Wissensstand läßt sich daraus zwar nicht unbedingt eine Unterversorgung ableiten, allerdings besserte in mehreren Versuchen eine Kieselsäuretherapie die Beschwerden oder Symptome. Kieselsäure hat ein großes Bindevermögen und soll deshalb in der Lage sein, Bakterien und Erreger unschädlich zu machen. Die gerüstbildenden Eigenschaften der Siliciummoleküle sorgen nach Ansicht einiger Wissenschaftler für ein straffes Bindegewebe, dessen Kieselsäureanteil sich mit zunehmendem Alter verringert. Bei kaum einem anderen Stoff gehen die Ansichten der konventionellen Schulmedizin und der alternativen beziehungsweise naturheilkundlichen Medizin derart weit auseinander wie bei Silicium. Doch gerade auf dem Gebiet der Spurenelementforschung ist ständig mit neuen oder auch veränderten Erkenntnissen zu rechnen, wie auch das Beispiel des folgenden Spurenelements zeigt.

Selen – das Schutzelement

Dieses nach der Mondgöttin Selene benannte Spurenelement kommt im menschlichen Körper unter anderem in zahlreichen Enzymverbindungen vor. Selen ist beispielsweise Bestandteil eines Komplexes, der die Zellwände vor schädlichen Einflüssen bestimmter aggressiver chemischer Verbindungen (sogenannter freier Radikale), vor Schwermetallen und radioaktiver Strahlung schützt. So gesehen bewahrt Selen als Antioxidans auch die Hautzellen vor einer vorzeitigen Alterung durch diese Stoffe, die aufgrund der Umweltbelastung nicht nur für die Haut zum Problem werden können. Selen unterstützt als wasserlösliches Antioxidans die Wirkung des fettlöslichen Vitamins E, das ebenfalls als hochwirksames Zellschutzvitamin – insbesondere zum Schutz der hochempfindlichen mehrfach ungesättigten Fettsäuren der Zellmembranen – gilt.

Daneben wird dem Selen eine antikanzerogene (krebsvorbeugende) Wirkung zugeschrieben.

Bekommen wir genug Selen mit der Nahrung?

Laut Angaben der Deutschen Gesellschaft für Ernährung[10] aus dem Jahre 1991 nehmen wir durchschnittlich 55 µg (Mikrogramm) Selen pro Tag auf. Störungen der Muskelfunktion als Ausdruck eines Selenmangels werden nur bei weniger als 10 µg Selen pro Tag beobachtet. Selen ist in der Nahrung hauptsächlich an den Eiweißanteil der Lebensmittel gebunden und kommt vor allem in Leber, Muskelfleisch, Getreide und Hülsenfrüchten vor. Der Selengehalt der Lebensmittel hängt allerdings stark vom Selengehalt der Böden ab.

Insgesamt wird im europäischen Raum eine Zufuhr von 20 bis 100 µg Selen pro Tag für Erwachsene als angemessen erachtet.

Selen bei Hauterkrankungen

Deutliche Erfolge lassen sich bei der Behandlung einer krankhaft gesteigerten Schuppenbildung mit Selenpräparaten erzielen. Doch der Einsatz von solchen Medikamenten erfordert Vorsicht, denn bei kaum einem Spurenelement liegen Nutzen und Schaden so eng beieinander wie bei Selen. Beim Erwachsenen werden Zeichen einer chronischen Selenvergiftung bereits bei einer täglichen Zufuhr von 800 µg pro Tag beobachtet. Vergiftungserscheinungen können sich in Leberschäden, Herzmuskelschwäche und Haarausfall bemerkbar machen.

Vitamine machen schön

Vitamine zählen zu den lebenswichtigen Nahrungsbestandteilen, denn unser Körper kann diese Substanzen nicht oder nur in unzureichender Menge selbst erzeugen. Die benötigten Mengen sind allerdings sehr gering – von 3,0 µg Vitamin B_{12} bis 75 mg Vitamin C. Trotz dieser winzigen Mengen sind die Vitamine hochwirksam. Je nachdem, wie gut unsere Vitaminspeicher gefüllt sind, reagiert der Organismus unterschiedlich schnell mit typischen Mangelerscheinungen, wenn die Nahrung zu wenig Vitamine enthält. Die Unterteilung in fett- und wasserlösliche Vitamine bezieht sich auf die Lösungseigenschaften und damit die Verfügbarkeit dieser Stoffe für den Organismus. Fettlösliche Vitamine, wie Vitamin A, können vom Körper nur ausgenutzt werden, wenn gleichzeitig etwas Fett mit der Nahrung aufgenommen wird. Die alte Weisheit »Viel hilft viel« trifft auf die Vitamine nicht zu. Im Gegenteil, man kann auch zu viel des Guten tun. Eigenmächtig und unkontrolliert eingenommene – vor allem hochdosierte – Vitaminpräparate schaden manchmal mehr, als sie nutzen. Das gilt vor allem für die fettlöslichen Vitamine A und D.

Der sicher recht bequeme Griff zu Vitamintablette oder vitaminierten Lebensmitteln läßt natürlich schnell vergessen, daß in einer ausgewogenen, schonend zubereiteten Nahrung mit einem vernünftigen Anteil an Frischkost alle Vitamine ausreichend enthalten sind. Nur wer sich extrem einseitig ernährt, sich in einer besonderen Belastungssituation wie Schwangerschaft oder Krankheit befindet, oder aber seinen Vitaminbedarf durch schädigende Faktoren wie Rauchen, häufigen Alkoholgenuß oder die Antibabypille selbst erhöht, wird auf Dauer zu wenig Vitamine erhalten (vgl. Tab. Seite 50). Doch auch hier genügt es in den meisten Fällen, die Ernährung umzustellen, indem man Lebensmittel mit einer hohen Nährstoffdichte bevorzugt. Eventuell kann in Abstimmung mit dem Arzt auch auf entsprechende Vitaminpräparate zurückgegriffen werden.

Die fettlöslichen Vitamine

Zu den fettlöslichen Vitaminen zählen die Vitamine A, D, E und K. Vor allem Vitamin A und E beeinflussen unsere Haut.

Vitamin A (Retinol) – klassisches Hautvitamin

Vitamin A kommt hauptsächlich in tierischen Nahrungsmitteln vor, pflanzliche Lebensmittel, wie Gemüse und Obst, enthalten die Vorstufen (Provitamine) wie beispielsweise beta-Carotin, die in der Darmwand zu Vitamin A umgewandelt werden. Wie alle fettlöslichen Vitamine kann der Körper Vitamin A lange speichern; die Leberspeicher reichen sogar mehrere Jahre. Durch seine zahlreichen Einflüsse auf das Epithelgewebe gilt Vitamin A als klassisches Hautvitamin. Es beeinflußt das Wachstum und die Zellteilungsrate der Haut, steuert die Verhornung und aktiviert die Bildung von Mucopolysacchariden, die zu den Kohlenhydraten zählen. Mucopolysaccharide stellen die Grundsubstanz des Binde- und Stützgewebes dar. Insgesamt verhindert das Vitamin, daß Haut und Schleimhäute austrocknen. Außerdem stabilisiert Vitamin A die Zellwände und kontrolliert deren Durchlässigkeit für den Stoffaustausch.

Ob zuviel oder zuwenig Vitamin A: beides zeigt sich »an Haut und Haaren«. Bei einem Mangel ist die Haut schuppig und weißlich-grau, im Bereich der Haarausführungsgänge kommt es zu Verhornungen; Talg- und Schweißdrüsen arbeiten stark vermindert. Die Folge ist, daß der schützende Wasser-Fett-Film nicht mehr ausreichend aufgebaut wird und Krankheitserreger leichter eindringen können. Krankhaft gesteigerte Verhornungsprozesse bei einem Vitamin-A-Mangel lassen Haare und Fingernägel brüchig werden. In besonders schweren Fällen kommt es zu Haarausfall. Typisch sind auch kleine Papeln, die ein wenig an Akne erinnern. Viele dieser Mangelerscheinungen treten auch bei Vitamin-C-Mangel auf, und nur eine Blutuntersuchung kann endgültig klären, woran es fehlt.

Auch zuviel Vitamin A verursacht Hautveränderungen: Trokkene, sich schälende Haut und Einrisse in den Mundwinkeln traten paradoxerweise dann auf, wenn Patienten mit Dermatitis oder Schuppenflechte mit hohen Vitamin-A-Konzentrationen behandelt wurden. Allerdings passiert dies normalerweise nur bei Überdosierungen von Vitamin-A-Präparaten. Aus diesem Grund sind die meisten dieser Medikamente verschreibungspflichtig.

Vitamin D – Calciferol (»Kalziumträger«)

Die Bezeichnung Vitamin D umfaßt eine Gruppe fettlöslicher Verbindungen, von denen die Vitamine D_2 und D_3 am bekanntesten sind. Beide bilden sich durch die Einwirkung von ultraviolettem Licht (Sonnenlicht) in der Haut. Hier ist nicht das Vitamin für die Haut wichtig, sondern umgekehrt: Die menschliche Haut enthält den cholesterinähnlichen Stoff 7-Dehydrocholesterin, der unter Sonnenlichteinfluß in Vitamin D umgewandelt wird. Daher treten an der Haut und ihren Anhangsorganen keine Mangelerscheinungen auf.

Vor einiger Zeit noch behandelte man bestimmte Hautkrankheiten (Schuppenflechte) mit Vitamin D, was häufig zu Überdosierungserscheinungen führte. Heute gilt diese Therapie als veraltet.

Vitamin E – Schutzvitamin gegen freie Radikale

Vitamin E heißt in der Fachwissenschaft auch Tocopherol. Die Tocopherole sind eine Gruppe ähnlicher fettlöslicher Verbindungen. Das eigentliche Vitamin E ist das alpha-Tocopherol. Aus natürlichen Quellen, wie Weizenkeime und Sojaöl gewonnen, wird es als RRR-alpha-Tocopherol – früher D-alpha-Tocopherol – bezeichnet. Das synthetisch hergestellte alpha-Tocopherol ist das all-rac-alpha-Tocopherol - früher D, L-alpha-Tocopherol. Handelsüblich ist das stabilisierte, mit Essigsäure veresterte Vitamin E, das alpha-Tocopherolacetat genannt wird.

Was soll dieses Namensverwirrspiel? Diese Vitaminbezeichnungen finden Sie auf den Packungen von Vitamin-E-Präparaten. In diesem Zusammenhang ist es wichtig zu wissen, daß die Wirkung des synthetischen Vitamins E nur 67 Prozent des natürlichen Tocopherols beträgt.

Vitamin E wirkt im Organismus als Schutzsystem vor der Anlagerung von freien Sauerstoffradikalen. Freie Radikale – das kling bedrohlich. In der Tat handelt es sich hierbei um aggressive Moleküle, die unter Licht- und Sauerstoffeinwirkung unablässig in unserem Stoffwechsel entstehen. Umwelteinflüsse (UV-Licht, Ozon), Rauchen, Alkohol, Schadstoffe, vermehrte Sauerstoffaufnahme, stundenlanges Sonnenbaden, vermutlich auch häufiges Fliegen, Vitaminmangel, hohe Aufnahme von mehrfach ungesättigten Fettsäuren, Dauermedikation: Dies alles kann die Anzahl dieser freien Radikale in unserem Organismus erhöhen.

Warum sind sie so gefährlich? Freie Radikale sind äußerst reaktionsfähig und greifen die empfindlichen Zellwandbestandteile, aber auch Proteine und Nukleinsäuren an. Sie können regelrechte Kettenreaktionen auslösen, die verschiedene Zellkomponenten zerstören. Dadurch werden die natürlichen Zellfunktionen wie Energiestoffwechsel und Stoffaustausch, Zellkommunikation und Abwehrmechanismen beeinträchtigt und den Körperzellen und damit auch der Haut ernsthafter Schaden zugefügt. Einige Fachwissenschaftler vertreten die Ansicht, daß diese freien Radikale auch für den (vorzeitigen) Alterungsprozeß der Haut verantwortlich sind. Im Bereich der Lederhaut soll es zu Quervernetzungen und damit zu Elastizitätsverlust kommen.

Vitamin E soll nun als »Radikalenfänger« den verhängnisvollen Reaktionsablauf blockieren. Es wirkt als Antioxidans und schützt neben hochempfindlichen Fettbestandteilen auch andere Verbindungen wie Vitamin A vor der Oxidation. Das Schutzvitamin E wird in seiner antioxidativen Wirkung gegen die freien Sauerstoffradikale durch beta-Carotin und Vitamin C sowie Selen unterstützt.

Antioxidanzien: Zufuhrempfehlungen

Die Vitamine E und C sowie das Provitamin A-beta-Carotin gelten als Schutznährstoffe für den Zellstoffwechsel vor den vielfältigen Belastungen aus der Umwelt. Um diesen lebenswichtigen Zellschutzeffekt zu gewährleisten, werden heute gegenüber den allgemeinen Nährstoffzufuhrempfehlungen höhere Antioxidanzien-Zufuhrempfehlungen ausgesprochen.

Die wasserlöslichen Vitamine

Die »wasserlöslichen Vitamine« – dazu gehören Vitamin C und der gesamte B-Komplex – können vom Körper nur in begrenzten Mengen gespeichert werden. Ein Überschuß wird

über die Nieren ausgeschieden. Nahezu alle B-Vitamine sind Bestandteil von Enzymen, die bei der Energiefreisetzung und im Stoffwechsel der Hauptnährstoffe eine wichtige Rolle spielen. Aufgrund ihres intensiven eigenen Stoffwechsels und der ständigen Zellneubildung braucht die Haut Energie, Aufbaustoffe und damit auch B-Vitamine. Dabei ergänzen sie sich gegenseitig: Nur das optimale Zusammenspiel dieses Vitaminkomplexes garantiert eine gute Versorgung, von der natürlich auch die Haut profitiert.

Vitamin B_1 (Thiamin) – das Energievitamin

Vitamin B_1 ist Enzymbestandteil (Coenzym) bei wichtigen Reaktionen im Energiestoffwechsel. Für die praktische Ernährung ist es üblich, den Vitamin-B_1-Bedarf in Beziehung zum Energieumsatz zu setzen. Thiaminmangel führt zu Störungen im Kohlenhydrat-Energiestoffwechsel. Organe und Gewebe, die ihre Energie aus Kohlenhydraten beziehen, und dazu zählt auch die Haut, benötigen ausreichende Vit-

	DGE-Empfehlung	Schutzzufuhrempfehlung
Vitamin E	12 mg	36 – 60 mg
Vitamin C	75 mg	150 mg
beta-Carotin	2 mg	15 mg (einschließlich anderer Carotionide)

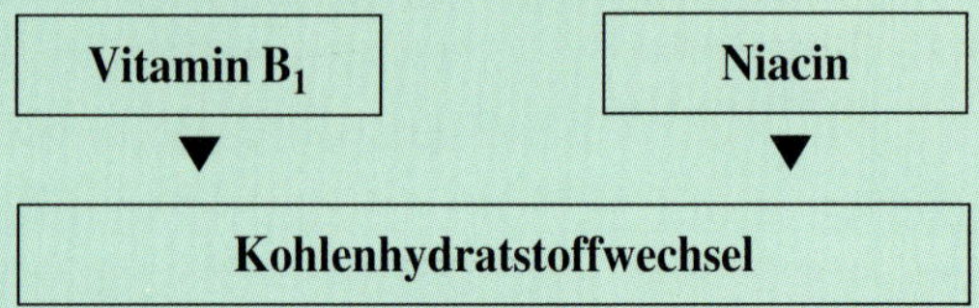

Der Einfluß von Vitaminen auf den Kohlenhydratstoffwechsel

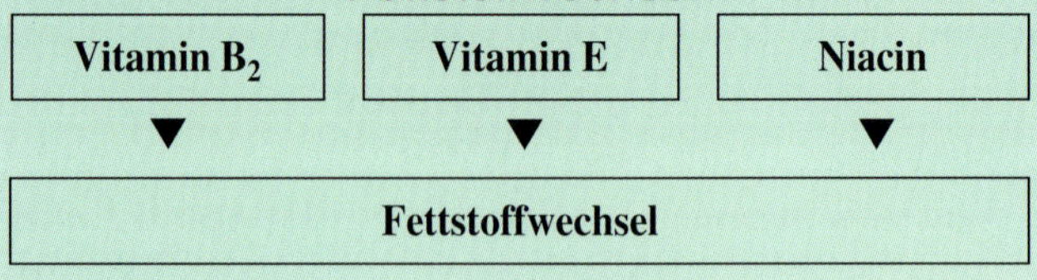

Der Einfluß von Vitaminen auf den Fettstoffwechsel

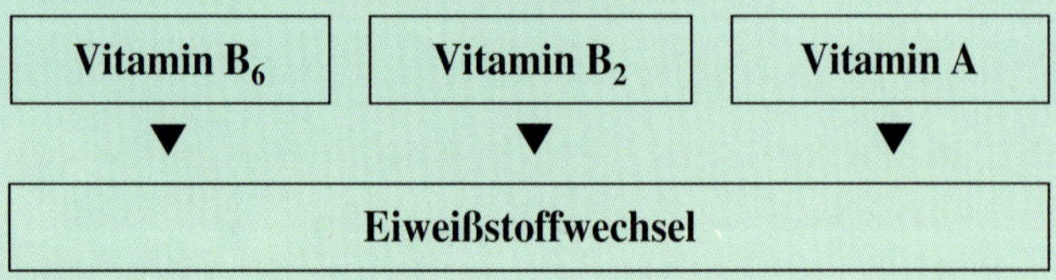

Der Einfluß von Vitaminen auf den Eiweißstoffwechsel

amin-B_1-Mengen aus der Nahrung. Eine schlechte Versorgung mit diesem Vitamin kann Ödeme und kleine Hautbläschen verursachen, da bestimmte Stoffwechselprodukte nicht mehr richtig abgebaut werden. Vitamin B_1 wird bei chronischen Hautinfektionen und Gürtelrose in höheren Dosierungen verabreicht.

Vitamin B_2 (Riboflavin) – entzündungshemmend

Schwere Mangelerscheinungen treten hierzulande selten auf, leichte Zeichen einer Unterversorgung mit Vitamin B_2 sind hingegen keine Seltenheit. Typisch sind entzündliche Hautveränderungen, die an ein Ekzem erinnern, und gerötete trockene Lippen mit eingerissenen Mundwinkeln. Auch gerötete, vergröberte Zungenschleimhäute zählen zu den charakteristischen Anzeichen. Im Bereich der zwischen Nase und Mund verlaufenden Falten (sogenannte Nasolabialfalten) wird die Haut häufig fett und schuppig, wenn Vitamin B_2 fehlt. Haare und Nägel reagieren auf eine schlechte Versorgung mit Haarwachstumsstörungen und Hohlnagelbildung. Vitamin B_2 gilt als entzündungshemmend und reizlindernd. Kosmetikhersteller verarbeiten es daher gern in Präparaten für reife und trockene Haut.

Vitamin B_6 (Pyridoxin) – Schlüsselvitamin des Proteinstoffwechsels

Vitamin B_6 greift in den Eiweißstoffwechsel ein, da es als Enzymbestandteil am Auf- und Abbau der Aminosäuren beteiligt ist. Je proteinreicher die Nahrung, desto höher liegt auch der Vitamin-B_6-Bedarf. Da sowohl pflanzliche als auch tierische Lebensmittel Vitamin B_6 enthalten, sind Mangelerscheinungen ausgesprochen selten. Lediglich Menschen mit einer krankhaften Stoffwechselstörung oder einem – vorwiegend in Entwicklungsländern auftretenden – Eiweißdefizit bekommen Versorgungsprobleme. Störungen im Eiweißhaushalt, die ein Vitamin-B_6-Mangel nach sich zieht, zeigen auf der Haut Auswirkungen, die an eine Vitamin-B_2-Unterversorgung erinnern: juckende und brennende Haut, Ekzeme, eingerissene Schleimhäute an Mund und Lippen und gerötete, schuppige Haut. Auch für gesunde Haare scheint das Vitamin wichtig zu sein. »Da das Fehlen von Vitamin B_6 im Tierversuch zu Haarausfall führt, ist ihm ebenfalls eine günstige Beeinflussung des Haarwachstums zuzuschreiben. Gesichert ist jedenfalls seine regulierende Wirkung auf den Gewebestoffwechsel und die Leber-, Nieren- und Hautfunktionen.«[11] Als Enzymbaustein beeinflußt Vitamin B_6 außerdem die Bildung des Gewebehormons Histamin und das Zellwachstum. Da sich Pyridoxin auf die Talgproduktion günstig auswirken soll, verschreiben viele Ärzte bei Akne Vitamin-B_6-haltige Präparate.

Vitamin B_{12} (Cobalamin) – für die Blutbildung

Da Vitamin B_{12} in fast allen tierischen Lebensmitteln vorkommt und vom Körper sehr gut gespeichert werden kann, gibt es kaum Versorgungsprobleme. Mangelerscheinungen treten, wenn überhaupt, nur bei strengen Vegetariern (Veganer) auf, da Vitamin B_{12} in pflanzlicher Kost nur gering enthalten ist. Ein im Magen gebildeter Stoff (*intrinsic factor*) macht die Vitaminaufnahme überhaupt erst möglich; fehlt er, ist ebenfalls eine Unterversorgung möglich.

Vitamin B_{12} ist vor allem für jene Gewebe wichtig, die eine besonders hohe Zellteilungsrate haben. Dazu zählen unter anderem die Hautzellen, und dementsprechend macht sich ein Mangel auch dort bemerkbar.

Klassische Mangelsymptome sind Pigmentstörungen und Schleimhautveränderungen an Mund und Zunge. Abgesehen davon findet Vitamin B_{12} in der Seborrhötherapie Verwendung. Auch die sogenannten »Besenreiser« lassen sich mit Vitamin B_{12} erfolgreich behandeln.[12]

Niacin – beugt der Hauterkrankung Pellagra vor

Niacin spielt als Nicotinsäureamid bei energieliefernden Prozessen eine wichtige Rolle. Der Organismus kann dieses Vitamin aus der Aminosäure Tryptophan selbst herstellen, allerdings ist dafür eine insgesamt gute Versorgung mit allen anderen B-Vitaminen Voraussetzung. Zu Mangelerscheinungen kommt es meist erst in Verbindung mit einer schlechten Eiweißversorgung – wenn also auch für die körpereigene Herstellung des Vitamins nicht genügend Tryptophan zur Verfügung steht. In unseren Breiten betrifft ein Mangel meist Alkoholiker, häufiger tritt die klassische Niacinmangelerkrankung Pellagra bei Bevölkerungsgruppen auf, die sich hauptsächlich von Mais ernähren; denn Mais enthält kaum Tryptophan, und Niacin nur in einer Verbindung, die vom Körper nicht aufgespalten werden kann. Bei der Pellagra prägen Haut- und Schleimhautveränderungen das Krankheitsbild. Die sogenannte Pellagra-Dermatitis ist die Folge einer übermäßigen Sonnenempfindlichkeit der Haut. Rötliche Entzündungen (Erytheme), die sich mit der Zeit bräunlich verfärben und später staubartig abschuppen, und Verhornungen kennzeichnen das Krankheitsbild. Die Lippen sind meist gerötet, trocken und entzündet. Vielen Patienten fehlen gleichzeitig auch Vitamin B_2 und Vitamin B_6. Da zwischen Pellagra und einer erhöhten Lichtempfindlichkeit der Haut offenbar ein enger Zusammenhang besteht, hat Nicotinsäureamid bei der Behandlung von Sonnenallergien zunehmend Bedeutung.

Pantothensäure – zentrales Stoffwechselvitamin

Pantothensäure ist am Abbau von Fetten, Aminosäuren und Kohlenhydraten im Körper beteiligt. Dieses zum B-Komplex gehörende Vitamin beeinflußt den Aufbau eines Enzyms, das wiederum für die Bildung von Bindegewebsbestandteilen mitverantwortlich ist. Pantothensäure steckt in sehr vielen Lebensmitteln, so daß die ausreichende Versorgung kein Problem darstellt. Mangelerscheinungen bei Menschen traten bisher nicht auf. Das Vitamin hat offenbar einen günstigen Einfluß auf Wundheilung, Schleimhautentzündungen und Haarausfall. Viele Kosmetika, vor allem Sonnenschutzmittel, enthalten daher das chemisch verwandte Panthenol, das sich aufgrund seiner reizlindernden Eigenschaften besonders für die Pflege trockener und rissiger Haut eignet. Panthenol fördert außerdem gesunde, kräftige und glänzende Haare. Im Tierexperiment hervorgerufener Pantothensäuremangel rief eingerissene Schleimhäute, Wunden und Defekte der oberen Hautschichten hervor.

Biotin – der Hautfaktor

Vielen ist Biotin sicher unter der Bezeichnung Vitamin H geläufiger. H steht für Hautfaktor, denn Biotin fördert das Wachstum von Haut, Haaren und Bindegewebe. Mangelerscheinungen treten sehr selten auf, denn unser Körper hat die Fähigkeit, Biotin mit Hilfe von Darmbakterien selbst herzustellen.

Der Genuß von rohen Eiern kann zu Biotinmangelerscheinungen führen, da im rohen Eiklar das Eiweiß Avidin vorhanden ist, das mit Biotin eine unlösliche Verbindung eingeht. Eine experimentell ausgelöste Unterversorgung führt zu Haarausfall, Hautentzündungen, übermäßigen Verhornungen, Pigmentstörungen und akneähnlichen Hautunreinheiten. Einige typische Hauterkrankungen bei Säuglingen lassen sich durch Biotin positiv beeinflussen. Das Vitamin soll auch bei fahler und schuppiger Haut sowie Wachstumsstörungen der Nägel helfen.

Ernährungsempfehlung

Für eine ausreichende Vitamin-C-Aufnahme mit der Nahrung spricht auch, daß die Resorption von Eisen verbessert und die Bildung von Nitrosaminen (aus Nitrit und Aminen gebildete Kanzerogene) im Magen gehemmt werden. Obst, Gemüse und Salate sind die besten Vitamin-C-Quellen.

Folsäure für die roten Blutkörperchen

Folsäure ist für die Zellteilung wichtig und sorgt zusammen mit Vitamin B_{12} für die Reifung der roten Blutkörperchen. Ein Folsäuremangel ähnelt sehr den Symptomen einer schlechten Eisen- oder Vitamin-B_{12}-Versorgung. Ernährungsbedingter Folsäuremangel ist bei unseren Essensgewohnheiten verhältnismäßig häufig zu beobachten. Schuld daran sind hohe Zubereitungsverluste. Folsäureverbindungen sind wasserlöslich sowie hitze- und lichtempfindlich. Zur Verbesserung der Folsäureversorgung tragen Tomaten, Gurken, Kohlarten, Spinat, Vollkornprodukte, Kartoffeln, Fleisch, Leber, Eier und Milch(produkte) bei. Eine schlechte Versorgung mit Folsäure beeinträchtigt die Zellteilung. Dies führt im Hautbereich zu entzündeten Schleimhäuten und gestörtem Haarwachstum.

Vitamin C (Ascorbinsäure) – bekanntestes Vitamin mit vielfältiger Wirkung

Skorbut, die klassische Vitamin-C-Mangelkrankheit, tritt heutzutage kaum mehr auf. Leichte Unterversorgungen, besonders bei Rauchern und älteren Menschen, sind hingegen keine Seltenheit.

Vitamin C beeinflußt die Haut auf vielfältige Weise. Für den Kollagenaufbau im Bindegewebe ist das Vitamin unerläßlich. Zwar bildet sich auch bei Vitamin-C-Mangel noch Kollagen, doch die Quervernetzungen der Fasern, die für ein straffes Bindegewebe sorgen, werden sehr instabil. Fehlt Vitamin C, werden außerdem die Wände der feinen Blutgefäße in der Haut brüchig, und es kommt häufig zu kleinen Blutungen unter der Haut. Bei ausgeprägtem Skorbut sind die normalen Verhornungsprozesse gestört: Es bilden sich kleine Hornkegel, die der Haut ein gänsehautähnliches Aussehen verleihen. Meist ist die Haut zusätzlich sehr trocken, und Wunden heilen schlecht.

Vitamin C ist außerdem, ähnlich wie beta-Carotin und Vitamin E, ein wirksames Antioxidans, das die hochempfindlichen Bestandteile der Zellmembranen schützt. Nach Ansicht einiger Hautärzte reguliert Vitamin C auch den Pigmentstoffwechsel und wirkt einer übermäßigen Pigmentierung der Haut entgegen.

Schlechte Ernährung – »kranke« Haut?

Nährstoffmangelerscheinungen zeigen sich auch an der Beschaffenheit von Haut, Haaren und Nägeln. Besteht ein entsprechendes Nährstoffdefizit, kommt es zu typischen Mangelerscheinungen wie Rhagaden (kleinen Rissen an den Mundwinkeln) bei Vitamin-B_2-Mangel oder seborrhoischen Erscheinungen bei Mangel an Biotin, Vitamin B_2 und B_6. Ein Vitamin-A-Mangel führt zu übermäßiger Verhornung. Bei Zinkmangel kommt es zur Verzögerung der Wundheilung bis zum Haarausfall und ebenso, wie bei Eisenmangel, zu Veränderungen an den Fingernägeln. Ein Kalziummangel kann sich ebenfalls negativ auf Haut (Reizhaut), Haare und Nägel auswirken, während ein Aminosäure- und Fettsäuremangel bei unserer Ernährung im allgemeinen nicht zu erwarten ist – eher schon ein Flüssigkeitsmangel, wenn zu wenig getrunken wird. In der Tabelle auf Seite 72/73 werden die möglichen Hautveränderungen aufgrund einer Unterversorgung mit Vitaminen und Mineralstoffen genannt.

Akne

Akne entsteht nicht durch falsche Ernährung. Die Veranlagung zu Akne ist erblich. Es kommen mehrere Ursachen zusammen, u. a. eine – hormonell bedingte – vermehrte Talgproduktion.

Bei Akne bilden sich an talgdrüsenreichen Hautpartien Mitesser, bei schweren Formen auch entzündliche Knoten, eitergefüllte Bläschen und Narben mit gleichzeitig vermehrtem Talgfluß. Spezielle Ernährungsempfehlungen bei Akne und akneverwandten Krankheitsbildern wie Rosacea und periorale Dermatitis sind nicht möglich. In wissenschaftlichen Untersuchungen konnte der Einfluß der Ernährung auf die Akne nicht bewiesen werden, jedoch läßt sich ein gewisser Einfluß auch nicht ausschließen. Pauschale Ernährungsverbote sind daher abzulehnen. Eine gesunde vollwertige Ernährung ist als unterstützende Maßnahme in jedem Fall richtig. Darauf ist auch besonders bei Jugendlichen zu achten, deren Ernährungsweise oft einseitig ist (viele Süßigkeiten, bevorzugter Verzehr von Schnellimbißgerichten). Ein Ausheilen der Akne wird durch Ernährungsumstellung allein allerdings nicht erreicht. Da bei einigen Patienten bestimmte Lebensmittel zu einer Verschlechterung der Akne führen, kann eine Suche nach Auslösern hilfreich sein, die dann eine Weile gemieden werden sollten, um festzustellen, ob der Verdacht begründet war.

In der folgenden Tabelle sind die in der Literatur angegebe-

»Verbotene« Lebensmittel bei Acne vulgaris

(Die Zahlen geben an, wie viele Autoren das jeweilige Lebensmittel als aknegen bezeichnet haben.)

Fleisch und Fleischprodukte		Margarine	6	Pudding	1
Schweinefleisch	8	Mandeln	4	Marmelade	1
Wurst	5	Kakao	3	**Obst und Gemüse**	
Gänsefleisch	4	Erdnüsse	2	Tomaten	3
Hammelfleisch	4	Kokosnuß	2	Bananen	2
Schinken	3	Paranuß	1	Zitrusfrüchte	2
Geräuchertes Fleisch	3	Nußöl	1	Blähende Gemüse (Kohl)	2
Rindfleisch	2	Kokosnußöl, Palmöl	1	Erdbeeren	1
Fette Fleischsorten	1	**Sonstige Speisen mit hohem Fettgehalt**		Himbeeren	1
Pferdefleisch	1	Fette Speisen	5	Rote Äpfel	1
Currywurst	1	Gebratene Nahrungsmittel	4	Hagebutten	1
Fisch und Fischprodukte		Mayonnaise	3	Trauben (Saft)	1
Seefisch	6	Bratkartoffeln	2	Mohrrüben	1
Schaltiere	4	Pommes frites	2	Spinat	1
Konservierter Fisch	2	Kartoffelchips	2	Kartoffeln	1
Fetter Fisch	1	Fette Soßen	2	**Gewürze**	
Geräucherter Fisch	1	Rösti	1	Scharfe Gewürze	6
Milch und Milchprodukte		Fette Suppen	1	Jodiertes Salz	6
Käse	8	**KH-haltige Nahrungsmittel**		Essig	2
Vollmilch	5	Schokolade	15	Ketchup	2
Schlagsahne	4	Süßigkeiten	8	**Genußmittel**	
Vollmilchprodukte	3	Kuchen, Torten, Gebäck	7	Kaffee	7
Eier	1	Cola	3	Alkohol	7
Tierische Fette		Speiseeis	3	Nikotin	4
Schweineschmalz	8	Pralinen	2	Tee	2
Gänseschmalz	4	Bonbons	2	Genußmittel	1
Butter	3	Limonade, gesüßte Getränke	2		
Tierische Fette	2	Marzipan	1		
Pflanzliche Fette		Mehlspeisen (blähende)	1		
Nüsse	11				

Quelle: A. Fahrenberger/C. Leitzmann, Ernährungs-Umschau 29 (1982) Heft 1

nen Auslöser, dort als »verbotene Lebensmittel« bezeichnet, zusammengefaßt. Inwieweit die Lebensmittel für den einzelnen eine Bedeutung haben, muß individuell geprüft werden.

Aus Ernährungssicht kann auf bestimmte Lebensmittel wie Süßigkeiten, fetthaltige Speisen etc. ohne weiteres verzichtet werden; bei anderen Lebensmitteln wie Milch, Fisch, Obst und Gemüse muß bei einem eventuellen Verzicht auf die ausreichende Bedarfsdeckung an essentiellen Nährstoffen geachtet werden. Eine eingehende Ernährungsberatung ist dann erforderlich. Erst bei schweren Krankheitsverläufen sind spezielle Testmethoden oder Suchdiäten angezeigt.

Häufig wird in der Literatur bei Akne auch auf Obstipation, das heißt Verstopfung, hingewiesen. Dann ist eine ballaststoffreiche Ernährung empfehlenswert. Die Kost enthält viel Vollkornprodukte wie Vollkornflocken, -brot, -reis, -nudeln und Gemüse. Anfangs sind auch Kleie, Leinsamen, Trockenobst und Sauermilchprodukte empfehlenswert. Es soll reichlich getrunken werden, etwa zwei bis drei Liter pro Tag.

Die Haut als Spiegelbild von Vitamin- und Mineralstoffmang

Zu starke Verhornung (Hyperkeratose)	Vitamin A, Niacin
Ungenügende Verhornung (Parakeratose)	Vitamin A
Übermäßig trockene Haut	Vitamine A und E, Biotin
Sehr schuppige Haut	Vitamine A, E, B_{12}, Biotin
Fehlende Talg- und Schweißdrüsen-absonderung	Vitamin A, Biotin
Akne vulgaris/Neigung zu Akne	Vitamine A (äußerlich), B_2, B_6
Ekzeme	Vitamin D, Kalzium
Psoriasis	Vitamin D, Folsäure
Fleckige Rötungen	Vitamin B_2, Niacin, Pantothensäure (äußerlich)
Seborrhö (gesteigerte, krankhaft veränderte Absonderung der Talgdrüsen)	Vitamine B_2, B_{12}, Biotin
Hautentzündungen	Vitamine C, B_6, B_{12}, Pantothensäure, Eisen
Teleangiektasie (erweiterte, rote Äderchen)	Vitamin B_{12}
Grau-fahle Hautverfärbungen,	

Gesunder Darm – gesunde Haut

Die gesunde Darmfunktion ist im Sinne der Kosmetik von innen eine wichtige Voraussetzung für eine gute Haut. Die natürliche Besiedlung des Darms mit symbiontischen Bakterien als Voraussetzung für die Darmgesundheit ist seit langem bekannt. Diese erwünschte, sogenannte physiologische Bakterienflora schützt vor krankmachenden Mikroorganismen. Die natürlich vorherrschende Bakterienflora im Dickdarm sind Kolibakterien. Im Darmtrakt kommen aber

blasse Haut	Biotin, Kalzium, Eisen
Ichthyosis (»Fischschuppenkrankheit«)	Biotin
Hautrisse, rauhe Haut	Niacin, Pantothensäure (äußerlich), Magnesium
Mangelnde Hautelastizität	Eisen, Kupfer
Pigmentstörungen	Kupfer
Mundwinkelrhagaden	Vitamin B_2, Magnesium, Eisen
Entzündungen an Lippen/ Lippenschleimhaut	Vitamin B_2
Schleimhautentzündungen	Vitamine C, B_6, B_{12}, Folsäure, Pantothensäure
Zahnfleischentzündungen	Niacin, Vitamin C
Starke Längsrillen an den Fingernägeln	Vitamin A
Brüchige Fingernägel	Biotin, Eisen, Zink
Fettige Haare	Vitamin B_6
Haarausfall, -wachstumsstörungen	Kalzium, Eisen, Kupfer, Zink, Mangan, Kobalt, Chrom
Abnorme Schwielenbildung	Niacin
Verzögerte Wundheilung	Vitamin C, Zink

auch Milchsäurebildner und Darmkokken vor. Alle zusammen stellen einen wirksamen Schutz gegen Krankheitserreger von außen dar.

Eine vollwertige Ernährung mit vielen Ballaststoffen sowie milchzucker- und milchsäurehaltigen Milcherzeugnissen fördert eine gesunde Darmflora, die unbestritten zur körpereigenen Krankheitsabwehr zählt. Bei einer »Entartung« dieser Flora wird von Dysbakterie gesprochen. Ob eine solche Dysbakterie vorliegt, läßt sich anhand von Stuhluntersuchungen in einem darauf spezialisierten Labor feststellen. Das Thema Dysbakterie ist sowohl in der medizinischen Theorie als auch in der Diagnose und Therapie ein schwieriges Kapitel. Da die Störung der Darmflora auch mit chronischen Erkrankungen und dem Allergiegeschehen in Verbindung gebracht wird, gibt es unterschiedliche Versuche, das gestörte Gleichgewicht wiederherzustellen (unter anderem die Symbioselenkung nach Mommsen, Rusch und Kolb). In jedem Fall sollte eine Beeinflussung der Darmflora durch entsprechende Mikroorganismenpräparate und Arzneimittel mit einem erfahrenen Arzt abgestimmt werden. Grundvoraussetzung ist die exakte Diagnose. Der Ernährungsmediziner H. Warning weist darauf hin, daß auch ernährungsbedingte allergische Hautausschläge über das Verdauungssystem und die Dickdarmsanierung beeinflußt werden können: »Ist der Darm langfristig gestört, so erleidet er Sensibilisierungen, die die Darmwand für Stoffe durchlässig machen, meist Eiweißabbaustoffe, die die Allergiesierung hervorrufen.«[14]

Diese Zusammenhänge sollten zumindest bei allen schwer zu behandelnden Allergien mitbedacht werden.

KUREN FÜR DIE HAUT

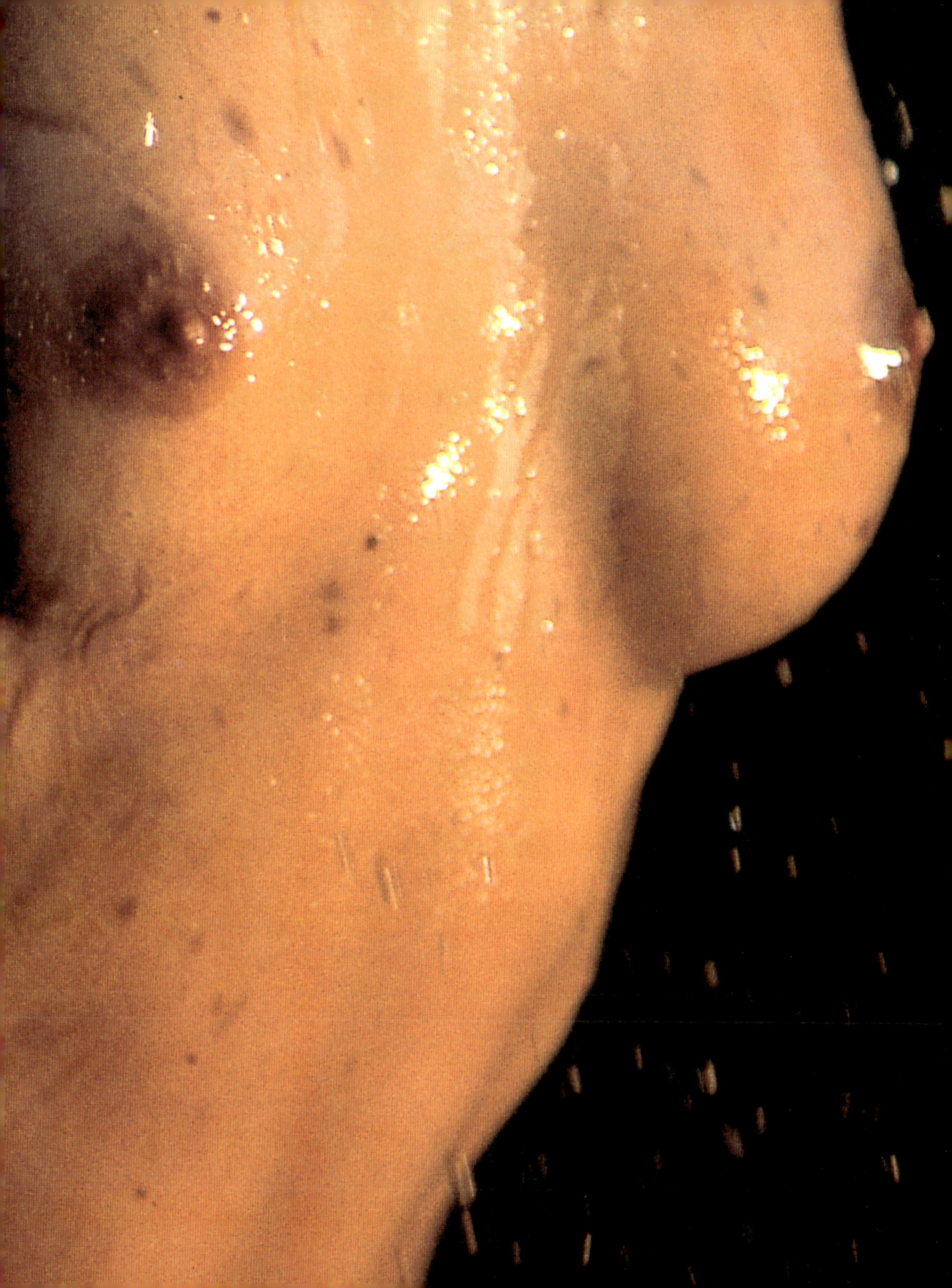

Mayr-Kur – Anregung oder Schonung der Verdauungsorgane

Bekannt geworden ist die »Semmelkur« des österreichischen Arztes Franz Xaver Mayr, die Erich Rauch in seinem Buch *Die Darmsanierung* ausführlich beschrieben hat (siehe Kasten). Mayr erklärte, daß die Darmträgheit – der chronische Verdauungsschaden schlechthin – so weitverbreitet ist, daß die meisten Menschen es nötig hätten, ihre Verdauungsorgane durch alljährliche »Schon- und Säuberungskuren« gesund zu halten.

Die Mayr-Kur, die niemals ohne fachliche Anleitung und Betreuung durchgeführt werden sollte, umfaßt neben den diätetischen Maßnahmen Massagen, Leibwickel, Atem- und Gymnastikübungen. Im Mittelpunkt steht die Schon- und Säuberungskur mit der Milch-Semmel-Diät, wobei äußerst sorgfältiges Kauen und gründliches Einspeicheln der kleinen Bissen und Milchportionen (die Milch darf nicht getrunken werden!) Voraussetzung für den Kurerfolg ist, ebenso wie der richtige Zustand der Weißmehlbrötchen, die altbacken sein müssen. Die Schonung des Darms durch die ausgiebig gekaute und leicht verdauliche Semmel-Milch-Nahrung wird von einer Säuberung des Darms mittels Karlsbader- oder Bittersalzlösungen begleitet. Aus dem sorgfältigen Kauen und Einspeicheln der Bissen ergibt sich ein Ansatz für richtiges Eßverhalten.

Mayr-Kur und Haut

»Die schöne Haut – nur der gesunde Mensch weist sie auf – ist rosig, samtartig glatt, dicht und prall elastisch. […] Gifte verschiedenster Art, zum Beispiel Sucht-, Übermüdungs- und Infektionsgifte, besonders Nikotin und Drogen, verändern bei chronischer Einwirkung die Haut, eigentümliche Spuren hinterlassend. An erster Stelle unter diesen Hautschädigern stehen die Darmgifte. Sie wirken sich auf die Haut, Schleimhäute, Haare und Nägel so deutlich aus, daß man aus der Intensität dieser Veränderungen das Ausmaß der Selbstvergiftung beurteilen kann.«[15]

Rauch führt in seinem Buch zur Mayr-Kur aus, daß die Hautbeschaffenheit in besonderem Maß von der Funktionstüchtigkeit des Darms abhängt. An erster Stelle unter den Hautschädigungen stehen die Darmgifte: »Der Zusammenhang zwischen Darmgiften und Hautveränderungen ist erwiesen […]. Auch für viele Erkrankungen der Haut, wie Akne, Furunkel, Nesselausschläge, Ekzeme, unreiner Teint, oder für bestimmte Schäden an Nägeln und Haaren gilt das gleiche. Somit ist, da die Darmschädigung die häufigste Ursache der Verunreinigung des Blutes darstellt, die Gesundung des Darms unsere natürlichste beste Kosmetik!«[15]

Ballaststoffe entlasten

Eine gesunde Verdauung ist zweifellos Voraussetzung für Gesundheit, Wohlbefinden und eine einwandfreie Haut. Dennoch zeigen sich hier deutliche Unterschiede zur allgemein anerkannten und zu empfehlenden Anregung und Förderung der gesunden Darmfunktion durch ballaststoffreiche Kost. Das Prinzip »Anregung« der Darmträgheit wird heute dem Mayrschen Prinzip »Schonung« vorgezogen.[16]

Die besten physiologischen Darmanreger sind Ballaststoffe und ausreichend Flüssigkeit. Eine ballaststoffreiche Kost mit reichlich Vollkornprodukten und Gemüse sorgt für eine optimale Darmpassage und Ausscheidung von Nahrungsresten und Stoffwechselendprodukten. Ballaststoffe können auch bestimmte giftige Substanzen binden und der raschen Ausscheidung zuführen. Das Prinzip »langsam essen« und »gut kauen« trägt zur besseren Verträglichkeit einer ballaststoffreichen Kost bei. Allgemeines Maßhalten beim Essen entspricht dem empfehlenswerten Grundsatz einer bedarfsangepaßten Ernährung. Im übrigen kann nur ein erfahrener Mayr-Arzt über die Anwendung und Durchführung dieser Darmsanierungsmaßnahme Auskunft geben und Entscheidungen treffen, insbesondere, was den Einsatz bei bestimmten Erkrankungen betrifft.

Macht Fasten schön? Wie reagiert die Haut während des Fastens?

Schon Buchinger widmete der Haut und den Hautkrankheiten ein eigenes Kapitel in seinem Werk *Das Heilfasten und seine Hilfsmethoden als biologischer Weg*: »Hautkrankheiten antworten fast ausnahmslos prompt auf jedes längere Fasten mit Rückgang von Schuppung, Entzündung und Juckreiz, so die Schuppenflechte und die Ekzeme.«[17]

Der Heilpraktiker Gerhard Leibold faßt seine positiven Erfahrungen mit Fastenkuren bei Hautproblemen folgendermaßen zusammen: »Als größtes Ausscheidungsorgan des Körpers leidet die Haut stark unter der Anhäufung von Gift- und Schlackenstoffen im Körper und reagiert darauf mit Unreinheiten, Entzündungen und anderen, meist chronischen Erkrankungen. Die gründliche Entschlackung und Normalisierung des Stoffwechsels während einer Fastenkur führt zur Verjüngung der Haut und beseitigt solche Hautleiden.«[18]

Der Arzt Hellmut Lützner[19] bringt die Fastenwirkung in einem Satz auf den Punkt: »Wie neugeboren durch Fasten.«

Gründe für das Fasten

Gefastet wird längst nicht nur, um einfach abzuspecken. Das Fasten gibt es seit Urzeiten. Der freiwillige Verzicht auf feste Nahrung hatte zunächst rituelle und religiöse Gründe. Heilfasten in Verbindung mit einer ärztlichen Betreuung kann viele (Zivilisations-)Krankheiten positiv beeinflussen. Im Vordergrund steht eine Regulierung des Körpergewichts, denn Fasten heißt, sich aus den körpereigenen Energievorräten ernähren. Fasten ist aber auch ein tiefgreifender Umstellungsprozeß des gesamten Stoffwechselgeschehens. Wichtig ist dabei auch das Erlebnis der Selbsterfahrung, zu der das Fasten in der intensiven Begegnung mit sich selbst führt. Diese Harmonie zwischen Körper und Geist kann als Startchance für eine (gesundheits)bewußte Lebensführung genutzt werden. Mit dem Begriff »Nulldiät« wurde das Verständnis des totalen Fastens auf seine gewichtsreduzierende Wirkung eingeschränkt. Doch der größte Teil des anfänglich raschen Gewichtsverlustes geht ohnehin auf das Konto der Entwässerung. Ziel einer jeden Adipositasbehandlung ist der Abbau von Körperfettdepots unter Schonung der Eiweißbestände. Gerade bei dieser Zielsetzung zeigen sich aber auch Nachteile, wenn dem Körper längere Zeit überhaupt keine Energie über die Nahrung zugeführt wird.

Wie der Hungerstoffwechsel beim Fasten funktioniert, ist weitgehend bekannt. Dabei wird eines deutlich: Vom (körpereigenen) Fett allein kann der Mensch nicht leben. Idealer Brennstoff für die Energiegewinnung sind und bleiben nun einmal die Kohlenhydrate (Stärke und Zucker). Ihr Fehlen kann bei Nahrungsverzicht nur begrenzt durch Eiweiß und Fett ausgeglichen werden.

Die Medizinjournalistin M.-E. Lange-Ernst schreibt:

»Die Heilfastenkur bewirkt eine verblüffende Veränderung der Haut: Sie ist Kosmetik von innen. Sie wissen, daß Hauterkrankungen und Flechten abheilen, aber die Haut verschönt und verbessert sich auch durch den Entschlackungs- und Reinigungsprozeß entscheidend:

- Hautunreinheiten klingen ab;
- Fältchen glätten sich;
- die Haut erscheint rosig, sie wird besser durchblutet;
- Schwammiges, Aufgedunsenes wird abgebaut, die Konturen werden gestrafft.
- Ein Effekt ist unübersehbar: Die Augen werden klar und bekommen einen Glanz.[20]

Fasten geht an die Substanz

Während des Fastens wird der Blutzucker, der für einige Stoffwechselvorgänge unverzichtbar ist, aus körpereigenem Muskel- und Organeiweiß gebildet. In den ersten ein bis zwei Wochen dieser Zeit wird diese Möglichkeit besonders in Anspruch genommen. Eiweißbausteine können also im Stoffwechsel bei Nahrungskohlenhydratmangel in Zucker umgewandelt werden. In dieser Umstellungszeit kommt es zu ausgeprägten Eiweißverlusten, die durch Stoffwechselanpassungen erst allmählich geringer werden. Der Körper lernt dann, seine Fettreserven und die Fettabbauprodukte »besser« als Energiequelle zu nutzen. Während der gesamten Nulldiät kommt es aber neben dem erwünschten Abbau der Fettdepots auch zu ungewollten Einbußen an eiweißreicher Körpersubstanz. Beim totalen Fasten können bis zu 40 Prozent des Gesamtgewichtsverlustes aus dem Abbau von Körpereiweiß stammen. Das wirkt sich zwangsläufig negativ auf die Leistungsfähigkeit und letztlich durch den Verlust an Muskelsubstanz auch auf das Aussehen aus. Schließlich ist die Muskulatur körperformend.

Auf das Trinken darf auf keinen Fall verzichtet werden

Weitaus komplizierter zu erklären sind zusätzliche Nachteile, die sich etwa daraus ergeben, daß Zwischenprodukte des Fettstoffwechsels gehäuft entstehen beziehungsweise unvollständiger Fettabbau auftritt. Dem kann weitgehend abgeholfen werden, wenn man die Nulldiät entsprechend »lockert«. Wasser, Vitamine und Mineralstoffe sind ja selbst beim strengen Fa-

Fasten und Körperpflege

Beim Fasten werden ständig Stoffwechselprodukte auch über die Haut ausgeschieden. Vor allem die Bildung von sogenannten Ketonkörpern im Blut, die ebenfalls in einer gewissen Menge »ausgeschwitzt« werden, führt zu einem unangenehmen Körpergeruch. Hygiene und Körperpflege sind deswegen während dieser Zeit besonders wichtig.

sten absolutes Muß. Das sogenannte Saftfasten bietet geringe Mengen an Kohlenhydraten, aber so gut wie kein Eiweiß. Die Proteinverluste und die nachteiligen Folgen aus dem Fettabbau (sogenannte Ketoacidose: Anhäufung von sauren Fettabbauprodukten) lassen sich jedoch erst durch geringe Gaben von Kohlenhydraten und Eiweiß kontrollieren. Hersteller von diätetischen Lebensmitteln entwickelten entsprechende Nährstoffgemische zum Anrühren als Getränke. Von der Nährstoffzusammensetzung her eignen sich auch Trinkkuren mit Molke oder Buttermilch, die mit Frucht- oder Gemüsesäften ergänzt werden. Die verschiedenen Fastenvarianten bedürfen einer ärztlichen Abstimmung beziehungsweise Überwachung. Aber auch hier gilt: Ohne gezieltes Ernährungslernen wird der Langzeiterfolg eher bescheiden ausfallen.

Schroth-Kur und Haut

Ärzte, die die Schroth-Kur als Hauttherapie einsetzen, empfehlen eine Mindestkurdauer von vier Wochen. So sollen mit der Kur neben den »Verdauungsausschlägen« auch Schuppenflechte, Ekzeme, Akne und Nesselausschläge positiv beeinflußt oder auch geheilt werden.

Die Schroth-Kur, benannt nach dem Bauer Johann Schroth, stammt aus dem 19. Jahrhundert. Sie besteht aus drei Elementen: dem Heilfasten, dem Schrothschen Dunstwickel (feuchte Wärmeumschläge) und dem Wechsel von Trocken- und Trinktagen.

Charakteristisch für die Schroth-Kur ist der Wechsel von Trocken- und Trinktagen.

»Durch eine gezielte Flüssigkeitszufuhr werden die gelockerten und gelösten Giftstoffe und Schlacken zur Ausscheidung gebracht, dadurch wird die volle Wirkung einer Heilfastenkur erzielt. Der Körper gleicht dabei einem schmutzigen Schwamm, der einmal durchgeschwemmt wird, dann ausgepreßt, dann wieder durchgeschwemmt und wieder ausgepreßt, so lange, bis er wieder vollkommen rein und sauber ist.«[21]

Die Schroth-Kur – ernährungswissenschaftlich bewertet

Die Schroth-Kur als Beispiel einer kalorienreduzierten kohlenhydratreichen, ansonsten nährstoffarmen Diät zählt zu den Methoden des Heilfastens. Erlaubt sind Reis-, Grieß- und Haferspeisen, etwas Gemüse, Toast, Leinsamenbrot und – als Hauptbestandteil – trockene Semmeln und Wein. Trockentage mit extrem niedriger Flüssigkeitszufuhr ($^{1}/_{8}$ Liter Wein) stehen im Wechsel mit kleinen und großen Trinktagen (1/4 bis ein Liter Wein). Die Energiezufuhr liegt je nach Trocken- oder Trinktag bei 300 bis 1000 Kilokalorien. Die niedrige Flüssigkeitszufuhr führt zu einem Anstieg der Harnsäure im Blut und kann die Gefahr von Gichtanfällen in sich bergen. Wein ist bei der Schroth-Kur das wichtigste Getränk, weniger des Mineralstoffgehalts als seiner belebenden Wirkung und der relativ schnellen Energiebereitstellung wegen.

Die Kostform ist extrem einseitig und weist vor allem eine unzureichende Zufuhr an Eiweiß auf; in einer dreiwöchigen Studie wurde bei elf Patienten ein Eiweißverlust von 733,8 Gramm im Untersuchungszeitraum beobachtet. Weiterhin ist die Aufnahme von essentiellen Fettsäuren, Ballaststoffen, Vitaminen und Mineralstoffen zu gering. [22]

Vegetarische Ernährung – auch gut für die Haut?

Die Beweggründe für eine vegetarische Ernährung können gesundheitlicher, religiöser, weltanschaulicher, ethisch-moralischer und ökologisch-ökonomischer Art sein. Oft ist diese Ernährung integriert in einen bewußten Lebensstil (Verzicht auf Rauchen, vermehrte körperliche Aktivität), der wohl insgesamt den gesundheitlichen Vorteil ausmacht.

Bei den verschiedenen vegetarischen Kostformen unterscheiden wir im wesentlichen drei Varianten:

– die rein vegane Kost, die jegliche Nahrung tierischer Herkunft ausschließt

– die laktovegetabile Kost; Milch und Milchprodukte ergänzen die pflanzliche Ernährungsgrundlage

– die ovolaktovegetabile Kost; zu den pflanzlichen Lebensmitteln werden Milch, Milchprodukte und Eier verzehrt

Das Gießener Konzept der Vollwerternährung[23] ist eine laktovegetabile Kost mit einem hohen Anteil von Roh-/Frischkost und einer gelegentlichen Ergänzung durch Eier, Fisch und Fleisch und damit eine vollwertige Ernährungsgrundlage.

Pro und Kontra beim Verzicht auf tierisches Eiweiß

– Der vermehrte Verzehr von pflanzlichen Proteinquellen wie Getreide, Kartoffeln und Hülsenfrüchten erhöht die Vitamin-, Mineralstoff- und Ballaststoffaufnahme.

– Die Ernährung kann kohlenhydratreich und fettarm gestaltet werden.

– Das Weglassen von Milch und Milchprodukten gefährdet die Kalzium-, Vitamin-D- und Vitamin-B_2-Versorgung.

– Der völlige Verzicht auf Fleisch und Fisch bedeutet eine Absage an die sichersten Eisen- und Jodlieferanten in der Ernährung.

– Bei einem Verzicht auf Fleisch wird auch die Versorgung mit weiteren Spurenelementen wie Zink und Selen in Frage gestellt.

– Die Nährstoffverfügbarkeit ist in tierischen Lebensmitteln oft besser als in pflanzlichen Produkten.

– Vitamin B_{12} ist in ausreichender Menge nur in tierischen Lebensmitteln vorhanden.

Anthroposophische Ernährung und Haut

Die Haut ist im Sinn der Lehre Steiners ein »Grenzbereich des Organismus«, der den menschlichen Organismus vor Fremdeinflüssen schützen soll und der zum Beispiel bei Allergien nicht einwandfrei funktioniert. »Durch die Haut ist eine Hülle geschaffen, die einerseits einen Schutz bietet, zum anderen aber durch ihre Sensibilität fähig ist, zwischen außen und innen zu vermitteln und auf die verschiedensten Reize zu reagieren. Das wird ermöglicht durch ihren Reichtum an Nervenendigungen.«[24]

Ganz besonders wichtig ist die Kieselsäure: »Kiesel wirkt im Menschen durch seine formbildenden Kräfte und beeinflußt die Sinneswahrnehmung. Gestörte Kieselprozesse würden sich vor allem in Haltungsschäden, brüchigen Nägeln, Hauterkrankungen, Allergien und vegetativer Dystonie zeigen.«[25]

Daher basieren die Empfehlungen bei Hautallergien auf einer Stärkung dieses Grenzbereichs durch kieselhaltige Kost, wie beispielsweise Getreide (Gerste, Hirse), Rohkost und Kräutertees (Ackerschachtelhalm) sowie Zurückhaltung bei Milchprodukten.[24]

Die von Steiner entwickelte anthroposophische Ernährungskunde wird heute vom Arbeitskreis für Ernährungsforschung unter Leitung von Udo Renzenbrink weitergeführt. Zu den verschiedenen Nahrungsmitteln gibt es weder Empfehlungen noch Verbote, da der anthroposophisch orientierte Mensch selbst in der Lage sein sollte, aufgrund der geisteswissenschaftlichen Grundlagen das Richtige auszuwählen.

Merke: Eine möglichst abwechslungsreiche Mischkost ist nach wie vor die beste Nährstoffversorgung.

Ein letztes Wort zu allen Wunderdiäten, Trennkostprinzipien und Heilsversprechen

Je einseitiger und komplizierter eine Ernährungsvorschrift ist, desto mehr muß davon abgeraten werden. Je phantastischer die Heilsversprechen oder je phantasievoller die Begründungen, desto mehr Mißtrauen ist angebracht. Trennen Sie sich von allen unsinnigen und starren Diätvorschriften. Machen Sie Ihre täglichen Mahlzeiten zu Ihrer persönlichen Wohlfühlernährung. Werden Sie Ihr eigener Ernährungsexperte.

Gibt es eine Schönheitsdiät?

Es gibt heutzutage eine Vielzahl von Schönheitsbüchern, in denen meist auch der Haut ein Kapitel gewidmet ist. Die beiden im folgenden als Beispiel erwähnten Autorinnen haben sich darüber hinaus auch über die Zusammenhänge zwischen Haut und Ernährung Gedanken gemacht.

Helena Rubinstein, die »Grande Dame« der Kosmetik und

Schönheit, hat eine Reihe von Tips für eine schöne Haut parat, außerdem präsentiert sie in ihrem Buch *Das Geheimnis schön zu sein*[26] auch eine Hautdiät, die auf reichlich Vitamin A, E, C und Faktoren des B-Komplexes aufbaut. Bei rauher und grobkörniger Haut empfiehlt sie viel Gemüse und Zitrusfrüchte, reichlich Wasser und Kräutertees statt Kaffee und Schwarztee. Süßigkeiten und stärkehaltige Nahrungsmittel sollten eingeschränkt werden. Bei fettiger Haut gilt nahezu das gleiche, zusätzlich rät Helena Rubinstein zu Sellerie, Zwiebeln, Gurken, Kohl und Karotten. Fett und schwere Speisen sind tabu. Bei strähnigem, mattem Haar sollen Lebertran, eine Diät mit Vollkornbrot, ungeschälten Äpfeln und Gurken, Zwiebeln, Kohl, Spinat, Knoblauch, Pflaumen und Weizenkeimflocken helfen. Bei brüchigen Fingernägeln lobt sie die positiven Wirkungen von Leber, Weizenkeimen, Rohkäse, Vollkornflocken und Hefe, Eiern und Milch (B-Vitamine). Die Hautdiät nach Rubinstein ist fett-, kohlenhydrat- und reizarm, im Vordergrund stehen eiweißhaltige, vitamin- und mineralstoffreiche Lebensmittel. Verboten sind dabei Schokolade, Kuchen und Gebäck, Schweinefleisch, Wurst, Fett, Saucen, Gewürze und Alkohol.

Auch Jane Fonda hat sich in ihrem Buch *Die selbstbewußte attraktive Frau*[27] mit den Zusammenhängen zwischen Haut und Ernährung befaßt. Alkohol und Nikotin sind ihrer Meinung nach die Hauptfeinde der Haut. Beides führt zu Schädigungen des Bindegewebes und beeinflußt die gesunde Durchblutung. Auch häufige Fastenkuren (ebenso wie häufige strenge Diäten mit der Folge des Jo-Jo-Effektes; Anm. d. Verf.) schaden nach ihrer Ansicht, denn »mit Einschränkung der Kalorien berauben sich die meisten Diätbeflissenen auch der Vitamine, Mineralstoffe, Aminosäuren und Enzyme, die für eine gesunde Haut unerläßlich sind. […] Das ständige Ausdehnen und Zusammenziehen der Haut bei abwechselnd steigendem und fallendem Gewicht ist selbst für die jüngste Haut belastend.«[27] Neben der Empfehlung, Fleisch (besonders rotes), Fett (besonders gesättigte Fettsäuren), Zucker, Salz, konservierte Lebensmittel, Alkohol und Koffein einzuschränken, rät Jane Fonda besonders Frauen im mittleren Alter, im Hinblick auf ihre Haut auf eine ausreichende Versorgung mit Wasser und den Vitaminen A, C und E zu achten.

Was sagt die Wissenschaft dazu?

Offensichtlich gibt es Nährstoffe, die für Haut und Haare ganz besonders wichtig sind. Heißt das nun, daß Karotten schöne Haut machen, Milch dünnes Haar kräftigt und Bierhefe bei Hautproblemen hilft?

Genauso, wie man die Wirkung einzelner Nährstoffe nicht isoliert sehen darf, sollte man auch nicht einzelnen Lebensmitteln allein positive oder negative Eigenschaften zuschreiben. Es kommt immer auf die richtige Kombination der Nährstoffe und damit auch verschiedener Lebensmittel an. Ebenso unsinnig wäre es zu sagen, daß Schokolade Pickel macht.

Von allem etwas – von keinem zuviel

Ziel einer Schönheitsdiät ist es, Nährstoffmangel zu vermeiden. Eine längerdauernde Unterver-

Eine »Schönheitsdiät« ist also ganz unspektakulär eine vollwertige Mischkost aus Vollkornprodukten, Kartoffeln, Gemüse und Obst (viel Frischkost), fettarmen Milchprodukten, ergänzt durch Fisch, Ei und Fleisch – genügend Trinkflüssigkeit nicht vergessen. Wer also abwechslungsreich ißt, mit Zucker, Fett und Alkohol sparsam umgeht, muß sich gar nicht groß um Vitamine und Mineralstoffe kümmern.

sorgung an bestimmten Vitaminen und Mineralstoffen beeinträchtigt auch das Erscheinungsbild von Haut, Haaren und Nägeln. Wird der Mangel durch Umstellung der Ernährung oder auch kurzfristig durch Einnahme von Nährstoffpräparaten ausgeglichen, so zeigt sich durch eine Mehrzufuhr von Vitaminen und Mineralstoffen über den Bedarf hinaus allerdings keine zusätzliche Verbesserung mehr.

Eine Ernährungsumstellung in Richtung vollwertige Mischkost soll vor allem auch als Motivation dienen, denn auch für die Ernährungserziehung sind Ziele wie Fitneß, gute Figur, gesundes Aussehen und Wohlbefinden erfolgversprechender als der ständig erhobene Zeigefinger und Angst vor Krankheiten. In diesem Sinn ist eine »Schönheitsdiät«, die auf Vitamine und Mineralstoffe aufmerksam macht, wertvoller als alle Schlankheitsdiäten, die die Ernährung nur durch die Kalorienbrille betrachtet haben.

Gesundes Aussehen fängt beim Essen an
Ihr persönliches Schönheitsdiät-Programm

Die richtige Lebensmittelauswahl ist der Grundpfeiler für ein gesundes und schönes Aussehen. Das optimale Zusammenwirken von Nährstoffen in Form abwechslungsreicher Mahlzeiten sorgt dafür, daß Haut, Haare und Fingernägel alles bekommen, was für die Schönheit wichtig ist.

Wir haben für Sie eine Reihe von Frühstücken, Mittag- und Abendessen sowie Zwischenmahlzeiten zusammengestellt, die genau diese Voraussetzungen erfüllen. Kombinieren Sie einfach nach Herzenslust: Neben den drei Hauptmahlzeiten gibt es zusätzlich vormittags und nachmittags einen kleinen Snack. So bleibt der große Hunger zwischendurch aus und bei insgesamt 2000 Kalorien täglich die Figur in Form.

In allen Rezeptvorschlägen steckt eine Fülle wichtiger Schönheitsnährstoffe, mittags und abends haben wir außerdem Schwerpunkte auf einzelne Lebensmittelinhaltsstoffe gesetzt. Allein eine Portion dieser Mahlzeiten, gekennzeichnet durch »Mit besonders viel…« enthält mindestens 25 Prozent (Abendessen) beziehungsweise 30 Prozent (Mittagessen) des jeweiligen Nährstoffbedarfs. Wenn Sie also beispielsweise zum Abendbrot eine Paprikapizza mit Radicchio-Rucola-Salat essen, tun Sie besonders viel für Ihre Vitamin-C-Versorgung – bei diesem Rezept erreichen Sie sogar mühelos die Hundertprozentmarke!

Es ist wirklich gar nicht schwer, gleichzeitig gesund und genußvoll zu schlemmen – oder anders ausgedrückt: sich schön zu essen.

REZEPTE

OBSTSALAT MIT WEIZENKEIMEN, VOLLKORNTOASTS MIT KÄSE UND HONIG-QUARK

Mit besonders viel Zink
(1 Portion)

ZUTATEN
1 kleine Kiwi, in Scheiben
50 g frische Beerenfrüchte oder TK-Ware (z. B. Erdbeeren)
50 g frische Ananas, kleingeschnitten
1/2 mittelgroße Banane, in Scheiben
1 EL Weizenkeime
2–3 EL Orangensaft, frisch gepreßt
1 TL Zucker
2 Scheiben Vollkorntoast
1 TL Butter oder Margarine
30 g Edamer (30 % F. i. Tr.)
30 g Quark (20 % F. i. Tr.)
1 TL Honig

ZUBEREITUNG
Für den Obstsalat alle Zutaten vermengen. Brotscheiben toasten und mit Butter oder Margarine bestreichen. Eine Scheibe mit Käse belegen, die andere mit Quark und Honig bestreichen.

Nährwert pro Portion
kcal/kJ: 484/2025
E 21 g, F 13 g, KH 72 g
Zink 5 mg

PFANNKUCHEN MIT FRISCHEM BEERENOBST

Mit besonders vielen Ballaststoffen
(1 Portion)

ZUTATEN
1 Ei
100 ml Milch (3,5 % F.)
40 g Weizenvollkornmehl
1 Msp. Backpulver
etwas Salz
2 TL Öl
20 g Honig
150 g frisches Beerenobst oder TK-Ware (z. B. Erdbeeren, Himbeeren und schwarze Johannisbeeren)

ZUBEREITUNG
Ei und Milch verquirlen. Weizenvollkornmehl, Backpulver und Salz hinzufügen und zu einem glatten Teig verrühren. Öl in eine beschichtete Pfanne geben und die Pfannkuchen nacheinander backen. Anschließend Honig auf die fertigen Pfannkuchen träufeln und mit frischem Beerenobst belegen.

Nährwert pro Portion
kcal/kJ: 482/2017
E 17 g, F 21 g, KH 57 g
B 11 g

VOLLKORN-FRÜHSTÜCK MIT KRÄUTER-RÜHREI UND SCHINKEN

Mit besonders viel Vitamin B_2
(1 Portion)

ZUTATEN

1 Ei
frische Kräuter nach Wahl
1 Scheibe Roggenvollkornbrot
1 TL Butter oder Margarine
1 Tomate
1 Roggenvollkornbrötchen
1 TL Butter oder Margarine
30 g mageren, gekochten Schinken
1 mittelgroße Apfelsine

ZUBEREITUNG

Ei mit Kräuter verquirlen und in einer beschichteten Pfanne als Rührei zubereiten. Vollkornbrotscheibe mit Butter oder Margarine bestreichen, Rührei darauf geben und mit Tomatenscheiben garnieren. Das Vollkornbrötchen mit Butter oder Margarine bestreichen und mit Schinken belegen. Dazu eine Apfelsine genießen.

Nährwert pro Portion
kcal/kJ: 489/2046
E 22 g, F 20 g, KH 54
Vitamin B_2 0,5 mg

BANANENQUARK UND VOLLKORNBROT MIT LACHS-SCHINKEN

Mit besonders viel Vitamin C
(1 Portion)

ZUTATEN

100 g Quark (20 % F. i. Tr.)
2 EL Milch (3,5 % F.)
1–2 TL Honig
1–1 1/2 mittelgroße Banane

VOLLKORNBROT MIT LACHSSCHINKEN

1 Scheibe Weizenvollkornbrot
1 TL Butter oder Margarine
20 g Lachsschinken
1 kleines Glas Orangensaft, frisch gepreßt (150 ml)

ZUBEREITUNG

Quark mit Milch und Honig verrühren. Banane in Scheiben schneiden oder pürieren und unter den Quark heben. Vollkornbrot mit Butter oder Margarine bestreichen und mit Lachsschinken belegen.

Nährwert pro Portion
kcal/kJ: 525/2197
E 26 g, F 12 g, KH 77 g
Vitamin C 96 mg

APRIKOSEN-FEIGEN-MÜSLI MIT SANDDORN-DICKMILCH

Mit besonders viel Eisen
(1 Portion)

ZUTATEN

25 g getrocknete Aprikosen
1 getrocknete Feige
5 EL Vollkornhaferflocken
250 g Dickmilch (3,5 % F.)
1–2 EL Sanddornbeerensaft

ZUBEREITUNG

Trockenfrüchte kleinschneiden und zusammen mit den Vollkornhaferflocken in einen tiefen Teller geben. Dickmilch mit dem Sanddornbeerensaft verrühren und über das Müsli geben.

Nährwert pro Portion
kcal/kJ: 489/2046
E 18 g, F 14 g, KH 73 g
Eisen 5 mg

APFEL-KRESSE- UND KÄSEBROT ERDBEERMILCH

Mit besonders viel Niacin
(1 Portion)

ZUTATEN
1 Scheibe Vollkorntoast
1 Scheibe Weizenvollkornbrot
2 TL Butter oder Margarine
1 EL körniger Frischkäse
50 g Apfel, in Scheiben geschnitten
Kresse nach Belieben
30 g Tilsiter (30 % F. i. Tr.)

ERDBEERMILCH
150 ml Buttermilch
100 g frische Erdbeeren oder TK-Ware, wahlweise auch andere Beerenfrüchte
1–2 TL Honig

ZUBEREITUNG
Brotscheiben mit Butter oder Margarine bestreichen. Auf die Toastbrotscheibe den körnigen Frischkäse, Apfelscheiben und Kresse geben. Die andere Brotscheibe mit Käse belegen. Für die Erdbeermilch alle Zutaten im Mixer verquirlen.

Nährwert pro Portion
kcal/kJ: 508/2125
E 26 g, F 18 g, KH 61 g
Niacin 4 mg

VOLLKORNBROT MIT GEFLÜGEL-WURST UND RADIESCHEN FRUCHT-JOGHURT

Mit besonders viel Vitamin A
(1 Portion)

ZUTATEN
1 kleines Glas Grapefruitsaft, frisch gepreßt (150 ml)
2 Scheiben Roggenvollkornbrot
2 TL Butter oder Margarine
30 g magere Geflügelwurst
4 Radieschen, in Scheiben
Schnittlauchröllchen

FRUCHTJOGHURT
1 Becher (150 g) Joghurt (3,5 % F.)
100 g Papaya, kleingeschnitten
1 TL Honig

ZUBEREITUNG
Vollkornbrote mit Butter oder Margarine bestreichen und mit Geflügelwurst und Radieschenscheiben belegen. Mit Schnittlauchröllchen bestreuen. Für den Fruchtjoghurt alle übrigen Zutaten vermengen.

Nährwert pro Portion
kcal/kJ: 498/2084
E 19 g, F 17 g, KH 67 g
Vitamin A 0,3 mg

BALLASTSTOFF-FRÜHSTÜCK

Mit besonders vielen Ballaststoffen
(1 Portion)

ZUTATEN
5 EL Weizenvollkornflocken
1 EL Leinsamen
5 getrocknete Pflaumen, kleingeschnitten
100 g Kiwi, in Scheiben geschnitten
1–2 TL Honig
evtl. etwas Zitronensaft

ZUBEREITUNG

Alle Zutaten miteinander vermengen.

Nährwert pro Portion
kcal/kJ: 514/2151
E 19 g, F 16 g, KH 74 g, B 11 g

MÜSLI MIT BEEREN-FRÜCHTEN UND KNÄCKEBROT MIT CORNED BEEF

Mit besonders viel Vitamin E
(1 Portion)

ZUTATEN
200 g gemischte Beerenfrüchte (z. B. Brombeeren, Heidelbeeren, Himbeeren, schwarze oder rote Johannisbeeren) oder TK-Ware
5 EL Vollkornhaferflocken
150 g Kefir (3,5 % F.)
1–2 TL Honig

KNÄCKEBROT MIT CORNED BEEF

1 Scheibe Knäckebrot
1 TL Butter oder Margarine
25 g deutsches Corned beef

ZUBEREITUNG

Für das Müsli alle Zutaten miteinander vermengen. Knäckebrot mit Butter oder Margarine bestreichen und mit Corned beef belegen.

Nährwert pro Portion
kcal/kJ: 519/2171
E 21 g, F 16 g, KH 74 g
Vitamin E 5 mg

PORRIDGE MIT FRÜCHTEN

Mit besonders vielen Ballaststoffen
(1 Portion)

ZUTATEN
250 ml Wasser
1 Prise Salz
5 EL Vollkornhaferflocken
je 1 getrocknete Feige und Dattel
1 mittelgroßer Apfel
30 ml süße Sahne
3 EL Milch (3,5 % F.)
1–2 TL Zucker mit Zimt vermischt

ZUBEREITUNG

Das Wasser mit einer Prise Salz zum Kochen bringen. Vollkornhaferflocken einstreuen und ausquellen lassen, bis sie eingedickt sind. Trockenfrüchte und Apfel kleinschneiden und zusammen mit der Sahne und Milch über den Porridge geben. Mit der Zucker-Zimt-Mischung bestreuen.

Nährwert pro Portion
kcal/kJ: 498/2084
E 11 g, F 15 g, KH 79 g, B 9 g

KRÄUTER-QUARK

Mit besonders viel Vitamin B_2
(1 Portion)

ZUTATEN
80 g Quark (20 % F. i. Tr.)
etwas Milch zum Glattrühren
1/4 Zwiebel, in Würfel geschnitten
Salz
frisch gemahlener Pfeffer
frische gehackte Kräuter nach Wahl (z. B. Basilikum, Dill, Kerbel, Kresse, Petersilie, Schnittlauch, Zitronenmelisse)
2 Radieschen zum Garnieren
1 Scheibe Roggenvollkornbrot

Nährwert pro Portion
kcal/kJ: 196/820
E 14 g, F 5 g, KH 24 g
Vitamin B_2 0,3 mg

SELLERIE-ROHKOST

Mit besonders viel Eisen
(1 Portion)

ZUTATEN
100 g Staudensellerie, kleingeschnitten
1 mittelgroßer Apfel, kleingeschnitten
1 mittelgroße Möhre, kleingeschnitten
2 EL Zitronensaft, frisch gepreßt
1 EL süße Sahne
1 Scheibe Vollkorntoast

Nährwert pro Portion
kcal/kJ: 197/824
E 5 g, F 6 g, KH 31 g, E 3 mg

VOLLKORN-TOAST MIT MOZZARELLA UND TOMATE

Mit besonders viel Vitamin C
(1 Portion)

ZUTATEN
1 Scheibe Vollkorntoast
1 TL Butter oder Margarine
40 g Mozzarella-Käse, in Scheiben
1 Tomate, in Scheiben
Salz
Frisch gemahlener Pfeffer
Frische Basilikumblättchen, nach Belieben

Nährwert pro Portion
kcal/kJ: 199/833
E 11 g, F 11 g, KH 14 g
Vitamin C 12 mg

SESAMKNÄCKEBROT MIT LACHSSCHINKEN UND HONIGMELONE

Mit besonders viel Vitamin C
(1 Portion)

ZUTATEN
1 Scheibe Sesamknäckebrot
1 TL Butter oder Margarine
20 g Lachsschinken
200 g Honigmelone
(Fruchtfleisch)

Nährwert pro Portion
kcal/kJ: 206/862
E 8 g, F 5 g, KH 31 g
Vitamin C 50 mg

PFIRSICHMILCH

Mit besonders viel Vitamin B_2
(1 Portion)

ZUTATEN
1 Pfirsich oder Nektarine
200 ml Milch (3,5 % F.)
1–2 TL Honig

Nährwert pro Portion
kcal/kJ: 205/858
E 7 g, F 7 g, KH 28 g
Vitamin B_2 0,4 mg

OBSTSALAT

Mit besonders vielen Ballaststoffen (1 Portion)

ZUTATEN
1 Kiwi, kleingeschnitten
100 g frische Ananas, kleingeschnitten
100 g Banane, kleingeschnitten
Zitronensaft
2 Vollkornkekse

Nährwert pro Portion
kcal/kJ: 207/866
E 3 g, F 3 g, KH 37 g, B 7 g

SCHNITTLAUCHBROT UND BUTTERMILCH

Mit besonders viel Zink
(1 Portion)

ZUTATEN
1 Scheibe Weizenvollkornbrot
1 TL Butter oder Margarine
Schnittlauchröllchen, nach Belieben
1 Glas Buttermilch (200 ml)

Nährwert pro Portion
kcal/kJ: 212/887
E 11 g, F 6 g, KH 29 g
Zink 2 mg

KÄSEWÜRFEL UND WEINTRAUBEN

Mit besonders viel Vitamin B_2 (1 Portion)

ZUTATEN

50 g Käsewürfel nach Wahl (z.B. Edamer, Gouda oder Tilsiter, 30 % F. i. Tr.)
125 g Weintrauben

Nährwert pro Portion
kcal/kJ: 213/891
E 14 g, F 8 g, KH 20 g
Vitamin B_2 0,2 mg

BUNTER SALAT MIT THUNFISCH

Mit besonders viel Niacin (1 Portion)

ZUTATEN

50 g beliebige Blattsalate (z. B. Eichblatt-, Eisberg-, Endivien-, Feld-, Frisee-, Kopfsalat, Lollo Rosso, Radicchio, Römersalat), zerpflückt
1 Tomate, in Scheiben
2 EL Mais (aus der Dose)
30 g Staudensellerie, kleingeschnitten
50 g Thunfisch (aus der Dose, in Wasser eingelegt), zerpflückt

SALATSOSSE

2 EL Joghurt (3,5 % F.)
1 EL Zitronensaft
Salz
Frisch gemahlener Pfeffer
Frische gehackte Kräuter nach Wahl (z. B. Kerbel, Kresse, Petersilie, Schnittlauch, Zitronenmelisse)

Nährwert pro Portion
kcal/kJ: 221/925
E 16 g, F 11 g, KH 16 g
Niacin 6 mg

MÜSLI MIT FRISCHEN PFLAUMEN

Mit besonders vielen Ballaststoffen (1 Portion)

ZUTATEN

3 EL Vollkornhaferflocken
100 g entsteinte Pflaumen, ersatzweise aus dem Glas
4 EL Milch (3,5 % F.)
1 TL Honig

Nährwert pro Portion
kcal/kJ: 215/900
E 7 g, F 4 g, KH 37 g, B 4 g

Inhaltsstoffe auf einen Blick

Frühstücke

Zink:
Obstsalat mit Weizenkeimen, Vollkorntoasts mit Käse und Honigquark, S. 88
Ballaststoffe:
Pfannkuchen mit frischem Beerenobst, S. 88
Vitamin B_2:
Vollkorn-Frühstück mit Kräuterrührei und Schinken, S. 89
Vitamin C:
Bananenquark und Vollkornbrot mit Lachsschinken, S. 89
Eisen:
Aprikosen-Feigen-Müsli mit Sanddorndickmilch, S. 89
Niacin:
Apfel-Kresse- und Käsebrot, Erdbeermilch, S. 90
Vitamin A:
Vollkornbrot mit Geflügelwurst und Radieschen, Fruchtjoghurt, S. 90
Ballaststoffe:
Ballaststoff-Frühstück, S. 90
Vitamin E:
Müsli mit Beerenfrüchten und Knäckebrot mit Corned beef, S. 91
Ballaststoffe:
Porridge mit Früchten, S. 91

Mittagessen

Vitamin C:
Meeresfisch mit Mango und Grapefruit, S. 96
Vitamin E:
Möhrenbratlinge mit Pellkartoffeln und Knoblauch-Kräuter-Joghurt, S. 98
Vitamin B_2:
Geflügelsalat mit Mais und Paprika, S. 99
Biotin:
Rührei mit Räucherforelle und Erbsen-Schalotten-Gemüse, S. 100
Niacin:
Schollenfilets mit Julienne-Gemüse-Risotto und Honigbanane, S. 100
Eisen:
Gebackene Rotkohlrollen mit Schweinefilet, S. 102
MUF:
Spaghetti mit Wildkräutern und Birnen-Trauben-Salat, S. 103
Zink:
Lammragout mit Artischocken und Zitronensauce, S. 105
Ballaststoffe:
Bunter Buchweizenauflauf mit Zucchini-Möhren-Rohkost, S. 106

Abendessen

Vitamin A:
Grünkohltarte mit Kasselerstreifen und Mandelblättchen, S. 108
Vitamin C:
Paprikapizza mit Radicchio-Rucola-Salat, S. 109
Vitamin B_2:
Gebratene Hühnerleber mit Tomaten, S. 110
Vitamin E:
Zucchinicremesuppe mit gerösteten Sonnenblumenkernen, S. 111
Niacin:
Matjestatar auf Apfelscheiben mit Vollkornbrot, S. 113
Zink:
Beefsteakroulade mit Karotten und Kräuterkartoffeln, S. 113
MUF:
Tomatensalat mit Basilikum, S. 114
Eisen:
Vollkornnudeln mit Blattspinat und Sesam, S. 114

Meeresfisch mit Mango und Grapefruit

Mit besonders viel Vitamin C (4 Portionen)

ZUTATEN
1 große, vollreife Mango
1,5 kg küchenfertiger Meeresfisch (z. B. Angelschellfisch, Dorade oder Meeräsche)
Salz
Saft von einer Zitrone
1 Zweig frische Minze
20 g Butter
1/8 l trockener Weißwein
160 g Reis (z. B. Basmati- oder Langkornreis)
2 Grapefruits
2 EL Olivenöl
1 Msp. Cayennepfeffer
1 TL roter Pfeffer, grob geschrotet
2 Stengel Cilantro (Koriandergrün)

ZUBEREITUNG
Die Mango mit einem scharfen Messer schälen und das Fruchtfleisch in Spalten vom Kern schneiden. Den Backofen auf 200 Grad C vorheizen. Den Fisch waschen, trockentupfen und innen und außen mit Salz und Zitronensaft einreiben. Die Minze und den Kern der Mango in die Bauchhöhle des Fisches stecken. Eine flache, feuerfeste Form mit Butter ausstreichen. Den Fisch hineinlegen, mit der restlichen Butter in kleinen Flöckchen belegen und mit etwas Wein begießen. Auf der mittleren Schiene in etwa 40 Minuten gar werden lassen, dabei gelegentlich mit dem restlichen Wein begießen. Nach ca. 20 Minuten Garzeit den Reis aufsetzen und in kochendem Salzwasser in 20–25 Minuten garen. Währenddessen das Mangofruchtfleisch in Würfel schneiden. Die Grapefruits so abschälen, daß die weiße Haut völlig entfernt ist. Das Fruchtfleisch in Spalten herauslösen und in kleine Stücke teilen. Das Öl in einer beschichteten Pfanne erhitzen und die Fruchtwürfel darin anschwitzen. Mit Cayennepfeffer und rotem Pfeffer würzen.
Den Fisch auf eine vorgewärmte Platte legen. Den entstandenen Fischsaft zu den Früchten gießen und die Sauce bei starker Hitze etwas einkochen lassen. Zum Schluß die abgezupften Cilantroblätter untermischen. Den Fisch filetieren und die Fruchtsauce und den Reis getrennt dazu reichen.

ZUBEREITUNGSZEIT
ca. 60 Minuten

Nährwert pro Portion
kcal/kJ: 630/2646
E 45 g, F 23 g, KH 55 g
Vitamin C 427 mg*

* Durch den Garprozeß können bis zu 20 % des Vitamin C zerstört werden.

MÖHREN-BRATLINGE MIT PELLKARTOFFELN UND KNOBLAUCH-KRÄUTER-JOGHURT

Mit besonders viel Vitamin E (2 Portionen)

ZUTATEN

500 g Möhren
1 Zweig Rosmarin
Salz
400 g kleine, festkochende Kartoffeln
100 g Magerquark
50 g Haferflocken
50 g geriebener mittelalter Gouda
1 EL gehackte Petersilie
Frisch gemahlener schwarzer Pfeffer
2 EL Sonnenblumenkerne
2 EL Pflanzenöl
2 Becher fettarmer Joghurt (à 150 g, 1,5 % F.)
1 zerdrückte Knoblauchzehe
2 EL gemischte, gehackte Kräuter

ZUBEREITUNG

Die Möhren waschen, schaben und in kleine Stücke schneiden. 1/4 l Salzwasser zum Kochen bringen, die Möhren und den Rosmarinzweig hineingeben und in etwa 20 Minuten weich kochen. Nach 10 Minuten die Kartoffeln aufsetzen und in 15–20 Minuten garen.

Die Möhren abtropfen lassen, den Rosmarinzweig entfernen und das Gemüse mit dem Quark im Mixer fein pürieren. Haferflocken, Käse und Petersilie untermischen und mit Salz und Pfeffer abschmecken.

Aus der Masse mit nassen Händen vier runde Bratlinge formen und in den Sonnenblumenkernen wenden, diese gut andrücken. Das Öl in einer beschichteten Pfanne erhitzen und die Bratlinge darin bei mittlerer Hitze von beiden Seiten je 3–4 Minuten braten.

Kartoffeln pellen. Joghurt mit Knoblauch und Kräutern verrühren und ggf. etwas salzen und pfeffern. Den Kräuter-Joghurt zu den Bratlingen und den Pellkartoffeln servieren.

ZUBEREITUNGSZEIT
ca. 40 Minuten

Nährwert pro Portion
kcal/kJ: 604/2539
E 25 g, F 24 g, KH 69 g
Vitamin E 9 mg

GEFLÜGEL-SALAT MIT MAIS UND PAPRIKA

Mit besonders viel Vitamin B_2
(4 Portionen)

ZUTATEN

1 gegartes Brathähnchen (ca. 900 g)
1 rote und 1 grüne Paprikaschote
1 kleine Zwiebel
1 Knoblauchzehe
1 kleine Dose Maiskörner

FÜR DIE MARINADE

Salz
1 EL Tomatenketchup
1/2 TL Paprikamark
Frisch gemahlener schwarzer Pfeffer
2 EL Rotweinessig
2 EL Pflanzenöl
1 EL gehackte Petersilie

ZUBEREITUNG

Den Backofen auf 250 Grad C vorheizen. Das Hähnchen enthäuten, entbeinen und das Geflügelfleisch in Würfel schneiden. Die Paprikaschoten waschen und auf einem Backblech auf der mittleren Schiene so lange in den Backofen geben, bis die Haut platzt (ca. 15–20 Minuten). Die Schoten zwischendurch wenden.

Zwiebel und Knoblauchzehe schälen und fein hacken. Die Paprikaschoten häuten, halbieren und Stengelansätze sowie Kerne entfernen. Die Paprika in Würfel schneiden und mit den Maiskörnern, den Zwiebel- und Knoblauchwürfeln mischen.

Für die Marinade alle Zutaten miteinander verquirlen und mit den Salatzutaten gründlich vermischen. Den Salat mindestens 30 Minuten durchziehen lassen, dann mit Petersilie bestreut servieren.

ZUBEREITUNGSZEIT
ca. 20 Minuten (ohne Ruhezeit)

Nährwert pro Portion
kcal/kJ: 600/2520
E 43 g, F 18 g, KH 60 g
Vitamin B_2 0,5 mg

RÜHREI MIT RÄUCHER-FORELLE UND ERBSEN-SCHALOTTEN-GEMÜSE

Mit besonders viel Biotin (2 Portionen)

ZUTATEN
250 g Schalotten
20 g Butter
1/2 TL Zucker
6 EL Kalbsfond (aus dem Glas)
200 g frische enthülste Erbsen
Salz
Frisch gemahlener weißer Pfeffer
1 EL gehackte Petersilie

FÜR DAS RÜHREI
2 ausgelöste, gehäutete, geräucherte Forellenfilets (à 100 g)
3 Eier
1EL Wasser
Salz
Frisch gemahlener weißer Pfeffer
1 EL Butter
1 TL gehackter Dill
2 Scheiben Vollkorntoast

ZUBEREITUNG
Die Schalotten schälen und vierteln. Die Butter in einer Kasserolle erhitzen, die Schalotten dazugeben, mit Zucker bestreuen und unter ständigem Rühren bei schwacher Hitze anbraten. Mit Kalbsfond begießen und zugedeckt etwa 10 Minuten schmoren lassen. Wenn die Schalotten fast gar und sirupartig eingekocht sind, die Erbsen dazugeben. Mit Salz und Pfeffer würzen und bei schwacher Hitze in etwa 5 Minuten fertiggaren.

In der Zwischenzeit für das Rührei die Forellenfilets in kleine Stücke zupfen. Eier, Wasser, Salz und Pfeffer miteinander verschlagen. Butter in einer beschichteten Pfanne zerlassen und die Eimasse hineingießen. Sobald sie an der unteren Seite zu stocken beginnt, die Forellenstückchen darauf verteilen. Mit einem Spachtel so lange rühren, bis die Masse gestockt, aber noch feucht ist. Mit Dill bestreuen und auf vorgewärmte Teller verteilen. Das Schalotten-Erbsen-Gemüse mit Petersilie bestreuen und dazu servieren. Als Beilage gibt es gerösteten Vollkorntoast.

ZUBEREITUNGSZEIT
ca. 45 Minuten

Nährwert pro Portion
kcal/kJ: 603/2532
E 43 g, F 28 g, KH 42 g
Biotin 57μg

SCHOLLENFILETS MIT JULIENNE-GEMÜSE-RISOTTO UND HONIGBANANE

Mit besonders viel Niacin (1 Portion)

ZUTATEN
200 g Schollenfilets (frisch oder tiefgekühlt)
2 EL Zitronensaft
Salz
2 TL Butter
50 g gemischter Wild- und Langkornreis
150 ml Gemüsebrühe (aus Extrakt)
1 TK-Mini-Pack Julienne-Gemüse
Frisch gemahlener weißer Pfeffer
1 EL gehackter Dill (frisch oder tiefgekühlt)
1 Zitronenscheibe

FÜR DIE HONIGBANANE
1 TL Butter
1 TL Honig
1 mittelgroße Banane

ZUBEREITUNG
Schollenfilets unter kaltem Wasser abspülen und mit Küchenkrepp abtupfen (tiefgekühlte Filets zuvor auftauen lassen, beispielsweise in der Mikrowelle). Anschließend mit

dem Zitronensaft säuern und leicht salzen. Zudecken und kühl stellen. Reis in 1 TL Butter anschwitzen, anschließend die Gemüsebrühe angießen und den Reis in ca. 20–25 Minuten garköcheln. Währenddessen das Julienne-Gemüse ohne Fett, ansonsten aber nach Packungsanweisung zubereiten. 1 TL Butter in einer beschichteten Pfanne zerlassen, die Schollenfilets hineinlegen und bei milder Hitze von beiden Seiten in ca. 5–6 Minuten goldbraun braten. Mit Pfeffer würzen. Vor dem Servieren das Julienne-Gemüse mit dem Reis mischen und nach Belieben abschmekken. Fisch mit einer Zitronenscheibe und dem Risotto auf einem Teller anrichten und mit Dill bestreut servieren.

Für das Dessert Butter in einer beschichteten Pfanne zerlassen und den Honig unter ständigem Rühren zufügen. Sobald die Butter-Honig-Mischung leicht zu karamelisieren beginnt, die geschälte Banane darin kurz von allen Seiten braten. Heiß servieren.

ZUBEREITUNGSZEIT
ca. 50 Minuten

Nährwert pro Portion
kcal/kJ: 620/2604
E 32 g, F 13 g, KH 90 g
Niacin 13 mg

GEBACKENE ROTKOHLROLLEN MIT SCHWEINEFILET

Mit besonders viel Eisen (4 Portionen)

ZUTATEN

50 g Rosinen
4 cl Calvados

FÜR DEN TEIG

250 g Mehl
1 Prise Salz
5 EL Pflanzenöl
1/8 l lauwarmes Wasser

FÜR DIE FÜLLUNG

1 gehackte Zwiebel
1 Packung TK-Apfel-Rotkohl (600 g)
Nelkenpulver
Salz
Pfeffer
1 Eigelb
250 g Spätzle
600 g Schweinefilet
2 EL Pflanzenöl
50 ml Apfelsaft
1 Becher Crème fraîche (150 g)

ZUBEREITUNG

Rosinen mit Calvados übergießen und zugedeckt ziehen lassen. Aus Mehl, Salz, Öl und Wasser einen Strudelteil bereiten, mit Öl bestreichen, auf einen handwarmen Teller legen und mit einer Schüssel zugedeckt ca. 1/2 Stunde ruhen lassen. Die feingehackte Zwiebel in dem Öl glasig dünsten, Rotkohl zugeben und erwärmen. Gegebenenfalls nach Geschmack nachwürzen. Teig auf einer bemehlten Fläche ganz dünn ausrollen. Acht Rechtecke ausschneiden und die Rotkohlfüllung darauf verteilen, Ränder mit Eigelb bestreichen und einwickeln. Die Rollen mit der Naht nach unten auf ein gefettetes Backblech legen. Auf der mittleren Schiene des auf 200 Grad C vorgeheizten Backofens in ca. 30 Minuten goldbraun backen. Nach 20 Minuten kurz herausnehmen und mit dem restlichen Eigelb bestreichen. Spätzle nach Packungsanweisung zubereiten. Das Schweinefilet salzen, pfeffern und in dem Öl bei starker Hitze rundherum anbraten. Auf mittlere Hitze herunterschalten und nach 5–8 Minuten mit Apfelsaft ablöschen. Calvados-Rosinen und Crème fraîche zugeben und alles einmal kurz aufkochen. Das in Scheiben geschnittene Fleisch mit den Rotkohlrollen, der Sauce und den Spätzle servieren.

ZUBEREITUNGSZEIT

ca. 70–90 Minuten
Nährwert pro Portion
kcal/kJ: 655/2753
E 40 g, F 27 g, KH 57 g
Eisen 8 mg

SPAGHETTI MIT WILDKRÄUTERN UND BIRNEN-TRAUBEN-SALAT

Mit besonders vielen mehrfach ungesättigten Fettsäuren (MUF) (4 Portionen)

ZUTATEN

300 g Vollkornspaghetti
Salz
150 g gemischte Wildkräuter (z. B. junger Löwenzahn, Vogelmiere, Sauerampfer, Rucola und Gänseblümchen)
3 EL Olivenöl
1 gehackte Schalotte
1 gehackte Knoblauchzehe
Frisch gemahlener schwarzer Pfeffer
3 EL geriebener Parmesankäse
50 g geröstete Sonnenblumenkerne

FÜR DEN BIRNEN-TRAUBEN-SALAT

4 mittelgroße, aromatische Birnen (z. B. Williams Christ)
Saft von 1 Zitrone
400 g blaue Weintrauben
4 cl Birnengeist
Süßstoff nach Geschmack
2 EL gehackte Pistazien

ZUBEREITUNG

Für den Birnen-Trauben-Salat die Birnen schälen, halbieren und entkernen. Die Fruchthälften quer in dünne Scheiben schneiden, in eine Glasschüssel geben und mit Zitronensaft beträufeln. Die Trauben waschen, halbieren, entkernen und unter die Birnen mischen. Die Früchte mit Birnengeist beträufeln, eventuell mit Süßstoff süßen und etwa 30 Minuten zugedeckt im Kühlschrank durchziehen lassen.

In der Zwischenzeit die Vollkornspaghetti in kochendem Salzwasser nach Packungsanweisung al dente kochen. Wildkräuter waschen, verlesen, gegebenenfalls harte Stiele und Blätter entfernen. Kräuter grob hacken.

Das Olivenöl in einer großen, beschichteten Pfanne erhitzen und die Schalotten- und Knoblauchwürfel darin glasig braten. Die Wildkräuter hinzufügen, salzen und pfeffern und kurz durchschwenken.

Die Nudeln auf einen Durchschlag schütten, gut abtropfen lassen und dann sofort in die Pfanne zu den Kräutern geben. Mit Parmesan bestreuen und alles mit Hilfe von zwei Kochlöffeln locker miteinander vermischen. Mit Sonnenblumenkernen bestreut servieren.

Als Nachtisch den mit Pistazien garnierten Birnen-Trauben-Salat reichen.

ZUBEREITUNGSZEIT

ca. 40 Minuten

Nährwert pro Portion
kcal/kJ: 580/2437
E 19 g, F 16 g, KH 87 g
MUF 8 g

Lammragout mit Artischocken und Zitronensauce

Mit besonders viel Zink
(4 Portionen)

ZUTATEN

8 kleine, junge Artischocken (je ca. 80 g)
Saft von 1 Zitrone
500 g Lammfleisch aus der Keule
Salz
Frisch gemahlener schwarzer Pfeffer
2 Schalotten
1 Knoblauchzehe
2 EL Olivenöl
1/8 l Kalbsfond (aus dem Glas)
800 g Kartoffeln

FÜR DIE ZITRONENSAUCE

2 Eiweiß
Salz
Saft von 1 Zitrone
2 Eigelb
1 EL gehackte Petersilie

ZUBEREITUNG

Von den Artischocken die Stiele abbrechen und den Stielansatz sofort mit Zitronensaft beträufeln, damit er nicht schwarz wird. Die unteren Blätter sowie die Blattspitzen abschneiden. Die Artischocken halbieren, das Heu entfernen, und die Hälften sofort in Zitronenwasser legen.

Das Lammfleisch waschen, trockentupfen, in etwa 3–4 cm große Würfel schneiden und mit Salz und Pfeffer würzen. Schalotten und Knoblauch schälen und in kleine Würfel schneiden.

Das Öl in einer hochwandigen, beschichteten Pfanne erhitzen und die Schalotten- und Knoblauchwürfel darin bei mittlerer Hitze glasig braten. Die Fleischwürfel und die abgetropften Artischockenhälften dazugeben und unter Rühren 5 Minuten anbraten. Mit dem Kalbsfond aufgießen und das Ragout zugedeckt bei schwacher Hitze in etwa 30 Minuten gar werden lassen.

In der Zwischenzeit Kartoffeln schälen und in Salzwasser ca. 20 Minuten garen.

Für die Zitronensauce Eiweiß mit etwas Salz zu steifem Schnee schlagen und nach und nach Zitronensaft, Eigelb und Petersilie unterrühren. Die Schaummasse unter das Ragout heben, noch einmal kurz erwärmen, aber keinesfalls kochen lassen. Mit den Salzkartoffeln servieren.

ZUBEREITUNGSZEIT

ca. 45 Minuten

Nährwert pro Portion
kcal/kJ: 619/2600
E 34 g, F 31 g, KH 50 g
Zink 4 mg

BUNTER BUCHWEIZENAUFLAUF MIT ZUCCHINI-MÖHREN-ROHKOST

Mit besonders vielen Ballaststoffen (2 Portionen)

ZUTATEN

100 g Buchweizenkörner
3/8 l Gemüsebrühe (aus Extrakt)
1 kleine Zwiebel
1 Knoblauchzehe
1 mittelgroße Möhre (100 g)
100 g Egerlinge
2 EL Pflanzenöl
Salz
Frisch gemahlener weißer Pfeffer
1/2 TL mildes Currypulver
50 g tiefgekühlte Erbsen
1 EL gehackte Kräuter (z. B. Dill, Kerbel, Basilikum)
2 Eigelb
40 g geriebener Käse (z. B. mittelalter Gouda)
2 Eiweiß
Fett für die Form

FÜR DIE ROHKOST

2 kleine Zucchini
2 junge Möhren
1 unbehandelte Orange
Salz
1 TL feiner Dijonsenf
1 TL Honig
3 EL frisch gepreßter Orangensaft
1 EL Zitronensaft
2 EL Olivenöl
Frisch gemahlener schwarzer Pfeffer
Etwas geraspelte Orangenschale
4 feingeschnittene Basilikumblätter

ZUBEREITUNG

Den Buchweizen mit der Gemüsebrühe zum Kochen bringen und 15 Minuten bei schwacher Hitze garen. Zugedeckt noch etwa 10 Minuten ausquellen lassen. Währenddessen Zwiebel, Knoblauch und Möhre schälen, die Pilze putzen und alles in kleine Würfel schneiden. Das Öl in einer beschichteten Pfanne erhitzen und die Gemüsewürfel darin anschwitzen. Mit Salz, Pfeffer und Curry würzen und die Erbsen hinzufügen. Kurz anbraten und von der Kochstelle nehmen. Den Backofen auf 200 Grad C vorheizen. Die ausgequollenen Buchweizenkörner mit dem Gemüse vermischen und die Kräuter, Eigelb sowie die Hälfte des Käses unterrühren. Das Eiweiß steif schlagen und zum Schluß unterziehen. Die Masse in eine gefettete Auflaufform füllen und mit dem restlichen Käse bestreuen. Auf der mittleren Schiene des Backofens in 30 Minuten gar backen.

Währenddessen für die Rohkost Zucchini waschen und an beiden Enden abschneiden, die Möhren waschen und bei Bedarf schaben. Beide Gemüse der Länge nach in dünne Scheiben und dann quer in schmale Streifen schneiden. Die Orange so dick schälen, daß die weiße Haut völlig entfernt ist, dann das Fruchtfleisch aus den Zwischenhäuten lösen. Die Orangenspalten in kleine Stücke teilen und zum Gemüse geben. Für die Salatsauce Salz, Senf und Honig verrühren und nach und nach die Zitrussäfte und das Öl hinzufügen. Pfeffern und so lange rühren, bis die Sauce eine cremige Konsistenz hat. Die Sauce über die Salatzutaten gießen und untermischen. Salat mit frisch geraspelter Orangenschale und den Basilikumstreifen bestreuen und zu dem Buchweizenauflauf servieren.

ZUBEREITUNGSZEIT
ca. 60 Minuten

Nährwert pro Portion
kcal/kJ: 598/2512
E 24 g, F 32 g, KH 51 g, B 9 g

GRÜNKOHLTARTE MIT KASSELER-STREIFEN UND MANDEL-BLÄTTCHEN

Mit besonders viel Vitamin A
(4 Portionen)

ZUTATEN
200 g Mehl (Typ 1050)
50 g gemahlene Mandeln
1 TL Salz
150 g kalte Butter in Flöckchen
4 Eier
150 g feingewürfelte Zwiebeln
2 EL Pflanzenöl
1 Packung TK-Grünkohl (600 g)
200 g Kasseleraufschnitt
Salz
Frisch gemahlener weißer Pfeffer
50 ml Schlagsahne
30 g gehobelte Mandeln (Mandelblättchen)

ZUBEREITUNG

Aus Mehl, gemahlenen Mandeln, Salz, Butter und einem Ei einen Mürbeteig kneten. In Folie eingeschlagen für 1 Stunde im Kühlschrank ruhen lassen. Zwiebeln bei mittlerer Hitze in dem Öl glasig dünsten. Grünkohl zugeben und unter gelegentlichem Rühren erwärmen. Kasseler in Streifen schneiden und hinzufügen. Mit Gewürzen abschmecken und abkühlen lassen. Dann die restlichen drei Eier und die Schlagsahne unterrühren. Den Backofen auf 180 Grad C vorheizen. Mürbeteig ausrollen und in eine gefettete Springform (26 cm Durchmesser) geben, andrücken und einen 2–3 cm hohen Rand hochziehen. Den Boden mehrmals mit einer Gabel einstechen. Im Ofen auf der mittleren Schiene 20 Minuten vorbacken. Dann die Grünkohlfüllung hineingeben, glattstreichen und mit den gehobelten Mandeln bestreuen. Die Tarte im Ofen in ca. 20–30 Minuten fertig backen.

ZUBEREITUNGSZEIT
ca. 120 Minuten

Nährwert pro Portion
kcal/kJ: 460/1921
E 24 g, F 18 g, KH 40 g
Vitamin A 1,4 mg

Wir empfehlen dazu 1 Glas (200 ml) Apfelsaftschorle (Apfelsaft mit Mineralwasser 1 : 1 gemischt)
kcal/kJ: 47/197
KH 12 g

PAPRIKAPIZZA MIT RADICCHIO-RUCOLA-SALAT

Mit besonders viel Vitamin C (4 Portionen)

ZUTATEN FÜR DIE PIZZA

200 g Mehl
Salz
10 g frische Hefe
ca. 1/8 l lauwarmes Wasser
3 rote Paprikaschoten
1 große Zwiebel
1 Knoblauchzehe
2 EL Olivenöl
1 Zweig Thymian
Frisch gemahlener schwarzer Pfeffer
1 TL Balsamessig
1 Kugel Mozzarella (150 g)
Fett für das Backblech

FÜR DEN SALAT

1 Bund Rucola (Rauke)
1 kleiner Radicchio
Salz
1 EL Rotweinessig
1 TL Balsamessig
1 Msp. scharfer Senf
Frisch gemahlener schwarzer Pfeffer
1 EL Olivenöl
1 EL Walnußöl
50 g junger Parmesankäse

ZUBEREITUNG

Mehl und 1 Prise Salz in eine Schüssel geben, in die Mitte eine Mulde drücken und die Hefe hineinbröckeln. Mit etwas Wasser verrühren und mit einem Tuch bedeckt 15 Minuten an einem warmen Ort gehen lassen. Dann das restliche Wasser hinzugießen und zu einem glatten Teig verarbeiten. Den Teig so lange schlagen, bis er sich vom Schüsselboden löst. Zugedeckt an einem warmen Ort weitere 30 Minuten gehen lassen. In der Zwischenzeit für den Belag Paprikaschoten waschen, halbieren, Stengelansätze und Samen entfernen und die Hälften in feine Streifen schneiden. Die Zwiebel schälen und auf dem Gurkenhobel in feine Scheiben hobeln. Knoblauchzehe schälen und fein hacken.

Das Öl in einer beschichteten Pfanne erhitzen, Zwiebelscheiben und Knoblauch darin glasig braten. Paprikastreifen und Thymian hinzufügen und unter Rühren kurz anbraten. Salzen und pfeffern und zugedeckt bei schwacher Hitze etwa 25–30 Minuten köcheln lassen. Von der Kochstelle nehmen, den Thymian entfernen und mit Essig und evtl. noch etwas Salz und Pfeffer abschmecken. Backofen auf 220 Grad C vorheizen. Den Pizzateig zu einer runden Platte von ca. 26 cm Durchmesser ausrollen und den Rand mit den Fingern etwas dicker formen. Auf ein gefettetes Backblech legen und mit der Paprikamasse bestreichen. Mozzarella in sehr kleine Würfel schneiden und die Pizza damit bestreuen. Auf der mittleren Schiene in ca. 20 Minuten backen.

Währenddessen für den Salat die Rucolablätter verlesen, dabei die dickeren Stiele entfernen. Von dem Radicchio den Strunk abschneiden, die Blätter ablösen und wie die Rucolablätter in mundgerechte Stücke zupfen. Beide Salatsorten waschen und in einem Salatsieb trockenschleudern. Für die Vinaigrette Salz, Essig, Senf und Pfeffer so lange miteinander verrühren, bis sich das Salz völlig aufgelöst hat. Unter weiterem Rühren mit einem kleinen Schneebesen die beiden Öle dazugießen. Die fertige Vinaigrette unter den Salat mischen. Salat auf vier Teller verteilen und mit feingehobeltem Parmesankäse bestreuen. Zusammen mit der Pizza servieren.

ZUBEREITUNGSZEIT
ca. 60 Minuten (ohne Aufgehzeit für den Teig)

Nährwert pro Portion
kcal/kJ: 480/2016
E 19 g, F 25 g, KH 42 g
Vitamin C 170 mg*

* Durch den Garprozeß können bis zu 20 % des Vitamin C zerstört werden.

GEBRATENE HÜHNERLEBER MIT TOMATEN

Mit besonders viel Vitamin B_2
(4 Portionen)

ZUTATEN
600 g frische Hühnerleber
Salz
Frisch gemahlener schwarzer Pfeffer
1 1/2 EL Mehl
750 g Tomaten
3 EL Olivenöl
1 gehackte Knoblauchzehe
1 EL gehackte Zwiebel
10 feingeschnittene Basilikumblätter
4 Scheiben Weizenvollkornbrot
20 g Butter oder Margarine
400 ml trockener Weißwein
400 ml Mineralwasser

ZUBEREITUNG

Die Hühnerleber von den anhaftenden Sehnen und Fett befreien und in gleichmäßige Stücke schneiden. Mit Salz und Pfeffer würzen und in Mehl wenden. Die Tomaten blanchieren, häuten, halbieren und ohne Stengelansätze und Kerne in Würfel schneiden. Das Öl in einer beschichteten Pfanne erhitzen und die Leberstückchen

darin bei starker Hitze rundum anbraten. Herausnehmen und warm stellen.
Gehackte Knoblauchzehe und Zwiebelwürfel in die Pfanne geben und kurz anbraten. Dann die Tomaten hinzufügen und bei mittlerer Hitze einige Minuten kochen lassen. Die Leberstückchen und die geschnittenen Basilikumblätter unter die Tomatensauce mischen und mit Salz und Pfeffer herzhaft abschmecken. Brot mit Butter oder Margarine bestreichen und zusammen mit einer Weißweinschorle zu der Leber servieren.

ZUBEREITUNGSZEIT
ca. 25 Minuten

Nährwert pro Portion
kcal/kJ: 482/2021
E 38 g, F 20 g, KH 35 g
Vitamin B_2 3,8 mg

ZUCCHINI-CREMESUPPE MIT GERÖSTETEN SONNENBLUMENKERNEN

Mit besonders viel Vitamin E
(2 Portionen)

ZUTATEN
2 kleine Zucchini (ca. 300 g)
1 Schalotte
1 Knoblauchzehe
1 EL Sonnenblumen- oder Keimöl
Salz
Frisch gemahlener weißer Pfeffer
1/4 l trockener Weißwein
1/8 l Hühnerbrühe (aus Extrakt)
2 EL Sonnenblumenkerne
2 EL geschlagene Sahne
4 Scheiben Vollkorntoast
2 Becher Fruchtjoghurt (à 150 g, 3,5 % F.)

ZUBEREITUNG
Die Zucchini waschen und in Scheiben schneiden. Schalotte und Knoblauchzehe schälen und fein hacken. Das Öl in einem Kochtopf erhitzen und die Schalotten- und Knoblauchwürfel darin anschwitzen. Die Zucchinischeiben hinzufügen, kurz anbraten und mit Salz und Pfeffer würzen. Wein und Brühe aufgießen und zugedeckt bei mittlerer Hitze etwa 15 Minuten köcheln lassen. Die Sonnenblumenkerne in einer beschichteten Pfanne trocken rösten. Die Zucchinisuppe mit einem Pürierstab oder im Mixer fein pürieren, dann durch ein Sieb streichen. Noch einmal abschmecken und die Sahne locker unterziehen.
Die Suppe auf tiefe Teller verteilen und mit den Sonnenblumenkernen bestreuen. Brot toasten und dazu reichen. Als Nachtisch: Fruchtjoghurt.

ZUBEREITUNGSZEIT
ca. 35 Minuten

Nährwert pro Portion
kcal/kJ: 420/1764
E 11 g, F 17 g, KH 53 g
Vitamin E 4 mg

MATJESTATAR AUF APFEL-SCHEIBEN MIT VOLLKORNBROT

Mit besonders viel Niacin
(2 Portionen)

ZUTATEN

1 kleiner Apfel (Cox Orange)
1 mittelgroße Fleischtomate
1 kleine Zwiebel
1 mittelgroße saure Gurke
2 zarte Matjesfilets (à 80 g)
1 TL gehackter Dill
1 EL Salatmayonnaise (50 % F.)
Frisch gemahlener schwarzer Pfeffer
1 großer säuerlicher Apfel (z. B. Boskop)
4 Zweige Dill
2 Scheiben Vollkornbrot
2 TL Butter oder Margarine

ZUBEREITUNG

Den Apfel schälen, vierteln und das Kerngehäuse entfernen. Die Tomate kurz blanchieren, die Haut abziehen und Stenglansätze und Kerne entfernen. Apfel, Tomate, geschälte Zwiebel und die saure Gurke würfeln. Die Matjesfilets mit einem Wiegemesser oder einem breiten Messer fein wiegen, mit den kleingeschnittenen Zutaten und dem Dill vermischen. Die Salatmayonnaise unterrühren und würzig mit Pfeffer abschmecken.

Den Apfel schälen, das Kerngehäuse ausstechen und den Apfel in 1 cm dicke Scheiben schneiden. Auf jede Apfelscheibe einen Eßlöffel Matjestatar häufen und mit einem Dillzweig garnieren. Das Vollkornbrot mit Butter oder Margarine bestreichen und dazu servieren.

ZUBEREITUNGSZEIT

ca. 20 Minuten

Nährwert pro Portion
kcal/kJ: 484/2033
E 17 g, F 26 g, KH 38 g
Niacin 1,6 mg

BEEFSTEAK-ROULADE MIT KAROTTEN UND KRÄUTER-KARTOFFELN

Mit besonders viel Zink
(1 Portion)

ZUTATEN

200 g kleine festkochende Kartoffeln
125 g Beefsteak (ca. 1/2 cm dick geschnitten)
1 zerdrückte Knoblauchzehe
3 TL TK-Italienische-Kräuter
2 schwarze Oliven ohne Stein
Salz
Pfeffer
1 TK-Mini-Pack Karotten (150 g)
1 TL Butter
1 EL Olivenöl

ZUBEREITUNG

Kartoffeln gut waschen und (mit Schale) garen. Beefsteakscheibe mit zerdrücktem Knoblauch bestreichen und mit 2 TL Italienischen Kräutern und feingehackten Oliven bestreuen. Mit wenig Salz und Pfeffer würzen. Das Fleisch zusammenrollen und mit Küchengarn umwickeln. Karotten mit 1 TL Butter nach Packungsanweisung zubereiten, mit Salz und Pfeffer abschmecken. Öl in einer beschichteten Pfanne erhitzen und die Roulade unter mehrfachem Wenden in ca. 4 Minuten von allen Seiten gut anbraten. Herausnehmen und warm stellen. Kartoffeln pellen und in dem verbliebenen Bratfett goldbraun rösten. Leicht salzen und mit 1 TL Italienischen Kräutern bestreuen. Zusammen mit der Roulade und den Karotten servieren.

ZUBEREITUNGSZEIT

ca. 30 Minuten

Nährwert pro Portion
kcal/kJ: 495/2079
E 32 g, F 23 g, KH 38 g
Zink 6,8 mg

TOMATENSALAT MIT BASILIKUM

Mit besonders vielen mehrfach ungesättigten Fettsäuren (MUF) (4 Portionen)

ZUTATEN

750 g kleine, feste, reife Tomaten
50 g Frühlingszwiebel
150 g Schafskäse
2–3 EL Rotweinessig
3 EL Diät-Speiseöl
Salz
Frisch gemahlener Pfeffer
1 Prise Zucker
4 EL gehacktes Basilikum (frisch oder tiefgekühlt)
1 zerdrückte Knoblauchzehe
2 hartgekochte Eier (geviertelt)
4 TL Diät-Margarine
8 Scheiben Vollkorntoastbrot
400 ml Weißwein
400 ml Mineralwasser

ZUBEREITUNG

Tomaten waschen und in Scheiben schneiden. Frühlingszwiebeln putzen und in dünne Ringe schneiden. Schafskäse in ca. 2 cm große Stücke würfeln. Alles in eine Schüssel geben. Für die Marinade Essig und Öl verrühren und mit den Gewürzen und Basilikum abschmecken. Alles über die Salatzutaten geben und 1/2 Stunde ziehen lassen. Erst kurz vor dem Servieren die Eiviertel unterheben. Vollkorntoasts toasten und mit der Diät-Margarine bestreichen. Wein und Mineralwasser mischen und als Schorle dazu reichen.

ZUBEREITUNGSZEIT

ca. 15 Minuten (ohne Ruhezeit)

Nährwert pro Portion
kcal/kJ: 498/2092
E 19 g, F 22 g, KH 51 g
MUF 8,2 mg

VOLLKORNNUDELN MIT BLATTSPINAT UND SESAM

Mit besonders viel Eisen (2 Portionen)

ZUTATEN

450 g frischer, junger Blattspinat
Salz
150 g Vollkorn-Bandnudeln
2 EL Olivenöl
1 gehackte Knoblauchzehe
Frisch gemahlener schwarzer Pfeffer
30 g Sesamkörner

ZUBEREITUNG

Spinat gründlich putzen, waschen und in wenig kochendem Salzwasser kurz blanchieren. Auf ein Sieb zum Abtropfen geben. Vollkornnudeln in kochendem Salzwasser nach Packungsanweisung bißfest garen. In der Zwischenzeit Olivenöl in einer beschichteten, hochwandigen Pfanne erhitzen und die Knoblauchzehe darin glasig braten. Spinat dazugeben, pfeffern und kurz mitbraten. In einer zweiten Pfanne die Sesamkörner ohne Fett goldbraun rösten. Nudeln auf einen Durchschlag schütten, gut abtropfen lassen und zum Spinat geben. Alles vorsichtig miteinander vermengen und auf zwei Tellern anrichten. Mit Sesamkörnern bestreut servieren.

ZUBEREITUNGSZEIT

ca. 25 Minuten

Nährwert pro Portion
kcal/kJ: 489/2090
E 20 g, F 20 g, KH 57 g
Eisen 8 mg

WOCHENEND-PROGRAMM

Ein Wochenende zum Verwöhnen

Ohne richtige und vollwertige Ernährung gibt es auf die Dauer keine schöne, zarte und gesunde Haut. Doch das allein ist nicht genug. Hektik, Streß und Leistungsdruck bestimmen bei vielen von uns den Alltag. Die Anspannung, mit der wir täglich fertig werden müssen, belastet auch unsere Haut und damit unser Aussehen. Wer einer vorzeitigen inneren und äußeren Alterung vorbeugen will, der muß der Anspannung auch Phasen der Entspannung folgen lassen. Eine gesunde und vollwertige Ernährung läßt sich mit ein bißchen Übung in unseren Alltag integrieren. Mit der Entspannung ist das schon etwas schwieriger. Um richtig zu entspannen, braucht man Zeit. Leider ist die Zeit für die meisten von uns heute eines der knappsten und wertvollsten Güter.

Neben allem anderen, wofür wir unsere Zeit brauchen und oft genug auch verschwenden, sollten wir nicht vergessen, immer wieder Zeit für unsere körperliche und geistige Regeneration zu erübrigen. Eine Möglichkeit, sich diese Zeit zu nehmen und sie für die Pflege von Schönheit und Gesundheit zu nutzen, ist das Wochenende. Legen Sie doch ab und zu ein Entspannungs- und Schönheitswochenende ein. Dabei ist es ganz egal, ob Sie zu Hause bleiben oder einen Tapetenwechsel vornehmen, um irgendwo in natürlicher und freundlicher Umgebung zu »kuren«.

Bewußte Ernährung für die Erhaltung von Schönheit braucht Partner. An einem Schönheits- und Gesundheitswochenende haben Sie die Möglichkeit, sich all das zu gönnen, was Haut und Körper außer der Ernährung sonst noch brauchen: Gesichts- und Körperpflege, Massage, Bewegung, Schlaf, Entspannung und Sauna. All das trägt dazu bei, daß Sie sich wohl fühlen in Ihrer Haut – und nur wer das tut, hat für sich und andere die positive Ausstrahlung, die bei der Bewältigung des Alltags so hilfreich ist.

Weil wir wollen, daß Sie sich an Ihrem Wochenende tatsächlich erholen und verwöhnen, machen wir Ihnen Vorschläge, die Sie ganz nach Lust und Laune selbst kombinieren und zusammenstellen können – Hauptsache, es macht Spaß. Dahinter steht auch der Ratschlag, sich während einer solchen Zeit der Entspannung nicht von einem festen Programm unter »Freizeitstreß« setzen zu lassen, der das Gegenteil von dem bewirken würde, was Sie erreichen wollen. Lernen Sie, auf Ihren Körper zu hören, und finden Sie heraus, was und wieviel ihm guttut.

Egal, ob Sie Körperpflege von Kopf bis Fuß, Gymnastik, Entspannungsübungen, lange Spaziergänge oder Waldläufe lieben: Ihre Haut dankt es Ihnen mit einem rosigen, straffen Teint. Fangen Sie doch gleich am nächsten Wochenende damit an und gönnen Sie sich und Ihrer Haut eine Verwöhnpause vom Alltag! Auf den nächsten Seiten finden Sie dafür einige gute Tips.

Gesichts- und Körperpflege – zum Streicheln zart

Schöne und zarte Haut braucht neben der Pflege von innen auch die systematische Pflege von außen. Haut, die durch das Alter oder durch Lebens- und Umwelteinflüsse bereits gelitten hat, braucht diese Pflege um so mehr. Falls Sie's nicht täglich schaffen mit der systematischen Pflege – vielleicht weil die leidige Zeit fehlt –, dann nutzen Sie Ihr Schönheitswochenende, um Ihre Haut mal rundum zu verwöhnen. Am besten, Sie fangen mit dem Gesicht an. Schließlich ist es Luft, Licht, Wärme und Kälte sowie den Blicken unserer Mitmenschen am stärksten ausgesetzt.

Gesichtspflege fängt bei der gründlichen Reinigung an. Tagsüber sammelt sich so einiges auf der Haut an: Schmutz aus der Luft, Schweiß und Talg, abgestoßene Hautschüppchen und Make-up. Das alles muß die Reinigung wieder entfernen, und zwar möglichst schonend. Für die meisten Hauttypen, insbesondere für trockene, feuchtigkeitsarme Haut, eignen sich spezielle Reinigungscremes oder -milchen, die rückfettende Substanzen enthalten. Die gute alte Methode mit Wasser und Seife ist nur für fettige Haut noch empfehlenswert. Bei den meisten anderen Hauttypen wirkt normale Seife ähnlich wie ein scharfes Scheuermittel: Statt zu reinigen, »verätzt« sie die Haut.

Eine sogenannte normale, rosige und feinporige Haut kommt nur ganz selten vor. Sehr verbreitet ist die sogenannte Mischhaut mit trockenen Partien an Augen und Wangen und fetter Haut an Nase, Stirn und Kinn. Fettige Haut neigt zu Unreinheiten und ist oft blaß, da sie schlecht durchblutet wird. Dafür bleibt sie länger glatt als die feinporige, trockene Haut, die früher knittert. In jedem Fall ist also ein persönliches Pflegeprogramm gefragt. Gegen Unreinheiten hilft zum Beispiel ein sanftes Peeling, das bei einer Mischhaut allerdings nur die fettigen Partien reinigen sollte. Wangen- und Augenpartien sind unbedingt auszusparen, da sie zu empfindlich sind.

Nach der Reinigung ist die Haut begierig, Wirkstoffe aufzunehmen: Jetzt ist Zeit zum Cremen, aber bitte dem Hauttyp entsprechend! Trockene Haut braucht eine fetthaltige Creme, Feuchtigkeitscremes sind dagegen das richtige für die fettige Haut. Die trockene Augenpartie braucht eine Spezialcreme. Prinzipiell ist Reinigung und nachfolgende Pflege zweimal täglich angesagt: morgens nach dem Aufstehen und abends vor dem Schlafengehen. Beachten Sie dabei, daß die Haut zu unterschiedlichen Zeiten unterschiedliche Wirkstoffe braucht. So sollten Sie Tagescremes mit Wirkstoffen benutzen, die vor den vielfältigen Umwelteinflüßen schützen, denen die Haut tagsüber ausgesetzt ist.

Zu diesen Schutzstoffen gehören beispielsweise Vitamin E und die feuchtigkeitsspendende Hyaluronsäure. Nachts regeneriert die Haut. Für die abendliche Pflege sind deshalb fetthaltigere Cremes mit Regenerationswirkstoffen wie dem Vitamin A zu empfehlen. Übrigens sind die teuersten Produkte auch bei den Kosmetika nicht unbedingt immer die besten.

Hier empfiehlt sich ein sorgfältiger Vergleich der Inhaltsstoffe. Wer nicht ganz sicher ist, zu welchem Hauttyp er gehört, kann sich von einer Kosmetikerin oder im Fachhandel beraten lassen.

All das gilt nun beileibe nicht nur für die Frauen. Männerhaut hat Pflege genauso nötig – was viele Männer noch immer nicht zu wissen scheinen. Anstatt verstohlen nach dem Kosmetiktopf der Freundin oder Frau zu greifen, sollten auch pflegebewußte Männer konsequent etwas für die Erhaltung ihrer Haut tun.

Masken und Ampullen – Kurzurlaub für die Haut

Gönnen Sie Ihrer Haut einmal wöchentlich einen Kurzurlaub – mit Masken und Ampullen. Sie sind schnelle, unkomplizierte Schönmacher, die durch den Verlust von Feuchtigkeit entstandene kleine Knitterfältchen auspolstern. Ampullen werden in der Regel als Kur angewendet. Sie liefern eine geballte Ladung an Wirkstoffen, die die Haut beruhigen, entspannen, regenerieren und straffer machen. Meist sind Ampullen in kleinen Glasfläschchen vakuumverpackt und kommen deshalb ohne Konservierungsstoffe aus. Nach dem Öffnen müssen sie sofort verbraucht werden.

Ein weiteres Zusatzprogramm für die Haut bieten Masken. Sie wirken alle nach dem gleichen Prinzip, indem sie die Haut vorübergehend abdichten und damit die Durchblutung anregen. Das Ergebnis: Die Haut sieht fester und rosiger aus. Wichtig ist auch hier wieder, die richtige Maske für den individuellen Hauttyp auszuwählen. Bei Trockenheitsfältchen wirken cremige Masken Wunder und sind die ideale Vorbereitung für den Ausgehabend. Peelingmasken bekämpfen Mitesser, Erfrischungsmasken beleben, und Beruhigungsmasken gleichen Rötungen aus. Die dünne empfindliche Augenpartie spart man beim Auftragen normalerweise aus. Doch auch dafür gibt es inzwischen schon spezielle Augenmasken.

Von Kopf bis Fuß auf Pflege eingestellt

Die Pflege, die im Gesicht beginnt, sollte bis zu den Zehenspitzen weitergehen – zum Beispiel mit einem Bodypeeling. Winzige Schmirgelpartikelchen lösen trockene Hautschüppchen und machen die Haut wieder glatt. Nach dem Einmassieren wird die Rubbelcreme mit reichlich Wasser einfach abgewaschen. Eine Anwendung pro Woche genügt.

Ähnlich wie ein Peeling wirkt auch eine Bürstenmassage. Sie entfernt abgestorbene Hornplättchen, regt die Durchblutung an und bringt den Kreislauf in Gang. Egal ob mit einem Hanfhandschuh, mit Roßhaarbürste oder Sisalmassageband: massiert wird immer zum Herzen hin. Beginnen Sie die wohltuende Prozedur bei den Füßen und rubbeln und streicheln Sie sich von dort langsam bis zur Hüfte hoch. Massieren Sie dann Hände und Arme in Richtung Schulter. Schließlich bearbeiten Sie kreisförmig Po und Bauch. Den Rücken erreichen Sie am besten mit einem Massageband – und massieren vom Po zum Nacken aufwärts.

Besonders wirksam ist die Bürstenmassage im Kampf gegen die Orangenhaut (Cellulite) an Oberschenkeln und Po. Fünfzig kreisende Bewegungen mit der Bürste täglich kräftigen das

Bindegewebe und bessern damit den Hautzustand. Mit zusätzlicher gezielter Gymnastik und einer fettarmen Diät ist das Anti-Cellulite-Programm perfekt.

Badezimmer als Beauty-Farm

Die Zeiten, in denen das Bad nur Reinigungszelle war, sind lange vorbei. Baden und Duschen wird heute mit duftenden Zusätzen zum wahren Genuß. Allerdings wird gerade hier häufig zuviel des Guten getan, und ein Zuviel kann auch bei der Körperpflege schaden. Wasser und Seife entziehen der Haut immer Feuchtigkeit. Deshalb sollten Sie die Verwendung von Seife auf die Körperteile beschränken, die echte Reinigung nötig haben: Achselhöhlen, Intimbereich und Füße. Für die übrigen Körperteile reicht das warme Duschwasser aus, solange Sie nicht stark geschwitzt haben.

Wechselduschen machen munter. Zwei Minuten warm, danach 30 bis 60 Sekunden kalt duschen: Das bringt den Kreislauf und die Durchblutung auf Hochtouren und hält die Blutgefäße elastisch. Das Bindegewebe bleibt straff, die Abwehrkräfte werden gestärkt. Wenn Sie nach einem anstrengenden Tag oder an Ihrem Verwöhnwochenende ein entspannendes Vollbad nehmen wollen, dann sollten Sie auch hier daran denken: nicht länger als 20 Minuten und nicht heißer als 37 Grad Celsius, weil Wärme, Wasser und Badeschaum der Haut viel Feuchtigkeit und Fett entziehen. Trockene Haut freut sich deshalb über Öl und Cremebäder. Damit sparen Sie das anschließende Cremen ein, was ansonsten nach jeder Dusche und jedem Bad ein absolutes Muß ist. Trockene Haut braucht eine fetthaltige Emulsion, normale Haut ist mit einer feuchtigkeitsspendenden Bodylotion gut versorgt, und fettige Haut kommt sogar ganz ohne Creme aus. Schon beim Eincremen stellen Sie fest: Es macht Spaß und tut wohl, die Körperlotion langsam und mit Genuß einzumassieren. Hier beginnt bereits die entspannende Wirkung einer Massage.

Massage für Haut, Herz und Seele

Nach einer Ganzkörpermassage fühlt man sich wie neugeboren! Sie entspannt Muskeln und Nerven und wirkt gleichzeitig auf Körper und Seele. Systematisches Streicheln, Kneten und Pressen beeinflußt Blutkreislauf und Nervensystem. Massiert wird immer herzwärts: Das beschleunigt den Fluß des sauerstoffarmen Blutes von den Muskelzellen zum Herzen und damit den Abtransport von Stoffwechselendprodukten.

Obwohl die Körperfunktionen auf Hochtouren laufen, läßt der Massierte die Seele baumeln und genießt die totale Entspannung. Glücklich kann sich schätzen, wen der Partner oder Freund am Wochenende massiert. Selbstmassage heißt die Alternative, wenn der geeignete Partner fehlt. Auch Sie selbst können verspannte Muskelpartien (z. B. Nacken) lockern oder dem Muskelkater nach dem Sport vorbeugen – zum Beispiel durch Massieren der Beine nach dem Joggen. Eine regelmäßige Massage bessert auch Orangenhaut an Po und Oberschenkeln.

Aus dem Eincremen des Gesichts kann ebenfalls eine Minimassage werden. Sie fördert die Durchblutung und strafft das Gewebe. Sanfter Druck genügt, die Haut darf keinesfalls verschoben werden. Bei Gesichtsmassagen (S. 126) wird übrigens mit sanft kreisenden Bewegungen auf Wangen, Stirn, Kinn und Hals immer von der Gesichtsmitte nach außen wegmassiert – so, als wollte man Fältchen oder schwammiges Gewebe aus dem Gesicht schieben. Verschiedene Massagetechniken – von der klassischen bis zur fernöstlichen – können Sie in Massagekursen erlernen oder in Fachbüchern nachlesen.

Fitneß gegen Streß

Wer regelmäßig Sport treibt, tut nicht nur etwas für seine körperliche Fitneß. Er leidet auch seltener an schlechter Laune oder gar Depressionen. Denn Bewegung und sportliche Aktivität setzen im Körper Hormone frei, die die Stimmung heben. Ausdauersportarten wie Wandern, Joggen, Schwimmen oder Radfahren, im Winter auch Skilanglauf, trainieren Kondition und Kreislauf. Tempo ist beim Gesundheitssport unwichtig. Beim Joggen sollte zum Beispiel ein Plausch mit dem Laufpartner noch möglich sein. Wenn Sie dabei völlig außer Atem geraten, sollten Sie das Tempo reduzieren. Der Pulsschlag sollte beim leichten Ausdauersport auf 130 bis 140 Schläge pro Minute steigen. Überprüfen Sie ihn zwischendurch oder direkt nach der Belastung.

Wichtiger als das Tempo während des Sports ist es, über längere Zeit »am Ball« zu bleiben: Um fit zu werden und zu bleiben, sind zwei- bis dreimal pro Woche 30 bis 45 Minuten Sport ideal. Einige Tage hintereinander wie verrückt zu rackern und dann tage- oder wochenlang gar nichts mehr zu tun, schadet mehr als daß es nutzt.

Anfänger sollten mit wenigen Minuten Trainingszeit beginnen und diese langsam auf 35 bis 40 Minuten steigern (z. B. fürs Laufen inklusive Stretching). Dann wird das Training effektiv. Übrigens kommt auch die Fettverbrennung in unserem Körper erst nach 30 Minuten richtig in Gang. Wer bei niedrigem Tempo entsprechend lange durchhält, tut damit auch mehr für eine gute Figur. Nach der Anstrengung läuft der Stoffwechsel noch ein paar Stunden auf höheren Touren. Wie man also sieht, nimmt sich's mit etwas körperlicher Aktivität auch leichter ab!

Schwimmen und Radfahren sind übrigens besonders gelenkschonend, was vor allem für Menschen mit Gelenk- oder Gewichtsproblemen wichtig ist. Letztlich kann jeder selbst ausprobieren, welcher Sport ihm am meisten Spaß macht – ganz abgesehen davon, daß es Spaß machen kann, auch mal neue oder unbekannte Sportarten zu erlernen und auszuprobieren.

Bewegung an der frischen Luft tut doppelt gut. Bis in die Zehenspitzen tankt der Körper Sauerstoff. Luft und Licht machen gute Laune. Planen Sie an Ihrem Schönheitswochenende also auch einen langen Spaziergang ein. Amerikanische Wissenschaftler haben in einer Untersuchung herausgefunden, daß flottes Gehen die Fitneß genauso verbessert wie andere Ausdauersportarten.

Gesichtsgymnastik

Gegen Mundfältchen
Mittelfinger auf die Oberlippe setzen, von innen nach außen um die Mundwinkel herum massieren. Fünfmal wiederholen.

Gegen Halsfältchen
Eine Hand flach auf die Stirn, die andere auf das Kinn legen. Gegen den Druck der Hände den Kopf nach vorn drücken. Fünfmal wiederholen.

Gegen Augenfältchen
Mittelfinger unter den höchsten Punkt der Brauen setzen. Augenlider durch leichten Druck nach oben ziehen. Augen öffnen und schließen. Sechsmal wiederholen.

Gymnastik – Haltung bewahren

Wenn Sie Ihr Geld sitzend verdienen, können Sie sicher ein Lied von Verspannungen im Schulter- und Nackenbereich oder über Rückenschmerzen singen. Jeder zweite klagt inzwischen über derlei Beschwerden, die durch einseitige Belastung und falsches Sitzen entstehen. Gymnastik hilft, solche Verspannungen abzubauen, und formt gleichzeitig die Figur. Kräftigende Übungen stärken Muskeln, die durch Haltungsfehler geschwächt sind (Po, Bauch, innerer Oberschenkel). Stretching dehnt die Muskeln der Stützmuskulatur, die bei den meisten Menschen

verkürzt sind (Waden, Brust, Rücken, Hüfte, Oberschenkel). Am meisten bringt ein Gymnastik-Basisprogramm von Kopf bis Fuß. Dreimal pro Woche 15 Minuten reichen. Problemzonen wie Po, Oberschenkel oder Brust bekommen noch einige Extraübungen. Das Prinzip bei jeder Gymnastik ist gleich: Es sollen Muskelzellen auf- und Fettdepots abgebaut werden. Das geht nicht von heute auf morgen, sondern erfordert ein paar Wochen Geduld. Fangen Sie also gleich heute an.

Kräftigung

Bauch

Auf den Rücken legen, die Beine auf einen Hocker oder Stuhl legen (90-Grad-Winkel). Den Kopf anheben, und den Oberkörper langsam nach vorn rollen, bis die Schulterblätter vom Boden abheben. Die Hände ziehen dabei zu den Knien oder werden hinter dem Kopf verschränkt. Am höchsten Punkt kurz die Spannung halten und wieder abrollen. 10 – 15 Wiederholungen.

Rücken

In den Vierfüßlerstand gehen, Hände leicht nach innen drehen, Ellbogen leicht beugen. Einen Ellbogen (z. B. rechts) und das gegenüberliegende Knie (z. B. links) unter dem Körper zusammenführen und danach den Arm nach vorn, das Bein nach hinten ausstrecken. Spannung kurz halten und wieder absetzen, Seite wechseln. Der Kopf ist die Verlängerung des Rückens, der Blick ist auf den Boden gerichtet. Etwa 5 – 6 Wiederholungen.

Brust-, Arm- und Schultermuskulatur

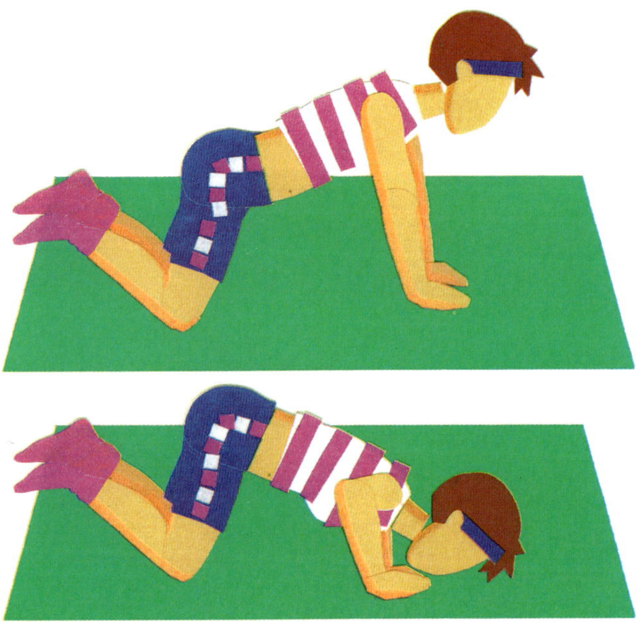

Im Vierfüßlerstand die Fußgelenke überkreuzen und leicht gegeneinanderdrücken. Die Hände sind bei leicht gebeugten Ellbogen nach innen gerichtet. Rumpf – wie bei Liegestützen – absenken. Beim Hochgehen die Arme nicht ganz bis zur Streckung durchdrücken. 10 bis 15 Wiederholungen.

Dehnung

Hüftmuskulatur

In Schrittstellung einen Fuß auf einen Hocker oder Stuhl stellen. Der Fuß des hinteren Beins zeigt nach vorn. Das rechte Knie zusammen mit der Hüfte nach vorn schieben, bis eine Dehnung der Hüftmuskulatur spürbar wird. Etwa 20 Sekunden halten. Wenn möglich, die Hüfte noch ein wenig mehr nach vorn schieben. Danach Seitenwechsel.

Wadenmuskulatur

In Schrittstellung gehen. Ein Bein so weit nach hinten stellen, daß die Ferse noch den Boden berührt. Es muß eine Dehnung der Wadenmuskulatur spürbar sein, sonst das Bein noch etwas weiter zurückstellen. Das andere Bein beugen, die Hände darauf abstützen. Etwa 20 Sekunden halten, danach Seitenwechsel.

Cellulite-Übungen

Wanddrücken

Stützen Sie sich mit den Händen an eine Wand, und nehmen Sie die Schrittstellung ein. Beide Fußspitzen zeigen gerade zur Wand. Die Ferse des hinteren gestreckten Beins bleibt am Boden. In der Wade darf ruhig ein leichtes Ziehen zu verspüren sein.

Knie gegen die Brust

Sie stehen auf einem Bein. Das andere wird angewinkelt und so hoch wie möglich angezogen. Versuchen Sie den Boden erst dann wieder zu berühren, wenn Sie fünfmal das Knie so hoch wie möglich gezogen haben.

Auf dem Rücken radfahren

Wenn es draußen zu kalt oder ungemütlich ist, können Sie auch zu Hause radfahren. Auf dem Rücken liegend, in der Luft. Durch die Rückenlage wird der venöse Blutabfluß noch zusätzlich gefördert.

Kniebeugen

Die Beine sind in leichter Schrittstellung, die Arme nach vorn gestreckt, um das Gleichgewicht zu halten. Gehen Sie nicht bis ganz hinunter in die Hocke, sondern nur so weit, bis sich das Gesäß in Höhe Ihrer Knie befindet. Um das zu proben, können Sie so tun, als wenn Sie sich auf einen Stuhl setzen, aber kurz vorher abstoppen. Das ist zwar anstrengend, aber dafür effektiv und gelenkschonend.

Groß im Kommen ist die Wassergymnastik. Kein Wunder, denn sie ist sanft und doch effektiv. Sie schont Gelenke und Bänder, da der Wasserwiderstand jede Bewegung dämpft. Um das Wasser zu verdrängen, müssen die Muskeln jedoch gleichzeitig richtig arbeiten: Das macht die Gymnastik im Pool so effektiv.

Entspannung – in der Ruhe liegt die Kraft

Wenn Sie oft gereizt sind, sich überfordert und müde fühlen und bei jeder Kleinigkeit an die Decke gehen, dann wird es Zeit, die Körperbatterien wieder aufzuladen. Atmen Sie erst einmal tief durch. Das ist schon eine erste Entspannungsübung, denn bei Streß wird die Atmung flach und bringt nicht mehr genug Sauerstoff ins Gewebe. Instinktiv haben wir alle schon einmal in brenzligen Situationen tief Luft geholt. Wenn Sie die Atemübungen bewußt machen, bringt es doppelt viel. Schließen Sie die Augen, und atmen Sie durch die Nase wiederholt bis tief in den Bauchraum ein. Durch den leicht geöffneten Mund wieder ausatmen. Konzentrieren Sie sich auf die Übung, ohne anderen Gedanken nachzuhängen – sie werden feststellen, wieviel Entspannung allein tiefes Atmen bringt.

Auch bei fernöstlichen Meditationstechniken, autogenem Training oder Yoga spielt richtiges Atmen eine wichtige Rolle. Meditation versetzt uns in einen entspannten Bewußtseinszustand, der alle Sorgen vergessen läßt. Mit diesen Entspannungstechniken lassen sich hervorragende Erfolge bei körperlichen und psychischen Streßsymptomen erzielen. Allerdings sind sie nicht ganz einfach zu erlernen, und nur die wenigsten schaffen es allein aus den vielen Büchern, die es inzwischen darüber gibt. Besser ist es, entsprechende Kurse, die an Volkshochschulen oder in Fitneßstudios angeboten werden, zu belegen. Dort können Sie diese Techniken dann unter praktischer Anleitung erlernen. Auch hier gilt: Übung macht den Meister.

Wenn Sie sich nun fragen, was solche Entspannungstechniken für Haut und Schönheit bringen, dann müssen Sie nur einmal an die vielen mimischen Falten denken, die Leistungsstreß, Hektik und Ärger in so viele Gesichter graben. Wer etwa beim autogenen Training lernt, seine Gesichtsmuskulatur völlig zu entspannen, der spürt, unter welcher Anspannung Gesichtshaut und Muskulatur normalerweise stehen. Die Entspannung trägt dazu bei, Streßfalten wieder etwas zu glätten.

Abschließend sei hier noch eine Entspannungstechnik erwähnt, die sich zwar schwer aussprechen, dafür aber um so leichter durchführen läßt: Die Progressive Muskelrelaxation nach Jacobsen. Durch systematisches Anspannen und anschließendes Lockerlassen von verschiedenen Muskelpartien entspannen sich Muskeln und Nerven. Die Technik ist relativ leicht zu erlernen, Kassetten mit der entsprechenden Anleitung, die mit beruhigender Musik unterlegt ist, gibt's im Buchhandel.

Progressive Muskelrelaxation nach Jacobsen

Legen Sie sich mit dem Rücken auf den Fußboden (auf ein Handtuch, eine Matte), und atmen Sie tief und regelmäßig. Arme neben den Körper legen, Beine nicht kreuzen.

– Ballen Sie die rechte Hand zu einer Faust, und entspannen Sie danach (mehrmals wiederholen).

– Mit beiden Handflächen in den Boden »hineindrücken«, so daß eine Anspannung bis in den Arm- und Schultergürtelbereich erfolgt. Danach entspannen.

– Füße und Beine bis zum Po anspannen. Danach entspannen.

– Füße, Beine, Po, Oberkörper anspannen. Danach entspannen.

– Füße, Beine, Po, Oberkörper anspannen und gleichzeitig mit den Handflächen in den Boden drücken und dabei den Schultergürtel anspannen. Danach entspannen.

Musik und Düfte wirken aufs Gemüt

Haben Sie schon einmal von der wohltuenden Wirkung der ätherischen Öle gehört? Sie beruhigen oder regen an, indem sie unser vegetatives Nervensystem beeinflussen. Die Geruchsrezeptoren der Nase stehen in direkter Verbindung mit dem Gehirn, von wo aus Puls, Blutdruck oder Atmung gesteuert werden. Zitrone und Rosmarin fördern zum Beispiel die Konzentration. Lavendel beruhigt, Orangenöl löst Nervosität, und Eukalyptusöl hilft bei Erkältung. Es gibt mehrere Möglichkeiten, die Wirkung der Aromen zu nutzen. Sie können beispielsweise mit einer Duftlampe verdampft werden und den ganzen Raum mit Wohlgeruch erfüllen oder im Badewasser zusammen mit der entspannenden Wärme wirken.

Mit Musik geht alles besser, denn auch Musik wirkt direkt auf das vegetative Nervensystem. Bei manchen Klängen fangen die Füße einfach an zu wippen, ohne daß wir es merken: Ein Zeichen von Lebensfreude, die auch im Tanzen ihren Ausdruck findet. Trauen Sie sich doch mal, sich unabhängig von festen Tanzschritten nach Musik harmonisch und entspannt zu bewegen – einfach so, wie es Ihnen gefällt. Sie werden spüren, wie sehr das löst und entspannt. Schaffen Sie sich an Ihrem Schönheits-Wochenende bewußt einmal eine Atmosphäre, in der alles stimmt – mit Musik, die Sie mögen und einem entspannenden Duft als Hintergrund für eine Massage oder für Ihre Entspannungsübungen.

Sauna – warme Luft und kalte Güsse

Auch ein Saunabesuch fördert Schönheit und Entspannung. Das Wechselspiel von Schwitzen und Abkühlen regt Kreislauf und Durchblutung an und beruhigt das Nervensystem. Besonders die Haut profitiert von der Prozedur. Unreinheiten werden richtiggehend ausgeschwitzt. In der Hitze öffnen sich die Poren, und überflüssiger Talg kann abfließen. Bei der anschließenden kalten Dusche ziehen sie sich rasch wieder zusammen. Das ist nicht zuletzt ein optimales Gefäßtraining. Aufpassen müssen Sie allerdings, wenn Sie zu roten Äderchen im Gesicht oder zu Besenreisern an den Beinen neigen. Der Zustand der Haut kann sich bei dieser extremen

Belastung verschlimmern. Eine Alternative ist dann die Biosauna, die nur 40 bis 50 Grad Celsius heiß ist, in der man aber nach einiger Zeit trotzdem ordentlich ins Schwitzen kommt. Schließlich kann man bei dieser Temperatur entsprechend lange bleiben. Grundsätzlich gilt: Die Abkühlzeit soll mindestens so lange sein, wie die Schwitzzeit. Und: Mehr als drei Gänge sind auch für den robusten Kreislauf zuviel!

Saunavariationen

Finnische Sauna
Temperatur: 80–95 °C
Luftfeuchtigkeit: bei etwa 15%
Badedauer: 8 bis maximal 15 Minuten. Zwischendurch Wasseraufgüsse, eventuell auch mit Duftessenzen. Empfohlen werden zirka 3 Durchgänge. Flüssigkeitsverlust von 1–2 Litern.

Dampfbad
Temperatur: bis 60 °C
Luftfeuchtigkeit: bis 100 %.
Badedauer und Flüssigkeitsverlust ähnlich wie in der finnischen Sauna.

Biosauna
Temperatur: 40–50 °C
Badedauer: 20 Minuten. Flüssigkeitsverlust dann ähnlich wie in anderen Saunen.

Schlafen macht schön

Schlafen Sie doch mal richtig aus am Wochenende, denn auch Schlafen macht schön. Im Schlaf tanken wir neue Energien, während der Organismus auf Sparflamme brennt. Puls, Blutdruck, Herz und Atmung laufen langsamer, die Muskeln entspannen sich. Nur die Hautzellen arbeiten emsig: Zwischen Mitternacht und sechs Uhr morgens ist die Zellteilung – Voraussetzung für eine schöne, glatte Haut – am intensivsten. Nachtcremes unterstützen die Regeneration der Haut, wenn Sie schlafen. Gegenüber der Tagescreme dürfen diese ruhig etwas mehr Fett enthalten, vor allem bei trockener oder reiferer Haut.

Haben Sie schon eine Idee, wie Sie Ihr Wochenende verbringen? Ein Sonntag im Bett? Oder lieber Spazierengehen am Baggersee? Eine Ganzkörpermassage? Möglichkeiten, um etwas für die Schönheit zu tun, gibt es unendlich viele. Viel Spaß beim Ausprobieren, was zu Ihnen paßt!

Schlemmen Sie sich schön!

Rezepte für das Schönheitswochenende

Ein Wochenende lang gibt es lecker-gesunde Mahlzeiten, die wir für Sie nach den neuesten ernährungswissenschaftlichen Erkenntnissen zusammengestellt haben. Bei rund 1500 Kalorien täglich tun Sie etwas für Ihre schlanke Linie und viel für Ihre Schönheit. Denn alle Mahlzeiten sind besonders vitamin- und mineralstoffreich und enthalten viele wichtige Ballaststoffe. Trinken Sie dazu mindestens zwei Liter täglich, am besten Mineralwasser, Kräutertee oder verdünnte Obstsäfte (1/3 Saft, 2/3 Mineralwasser). Auch zwei bis drei Tassen Kaffee oder schwarzer Tee sind erlaubt. Und: Salzen Sie möglichst sparsam!

Freitag

VOLLKORNBROT MIT FORELLENFILET UND MEERRETTICHCREME

ABENDESSEN

ZUTATEN

1 Scheibe Vollkornbrot
1 TL Diät-Pflanzenmargarine
1/2 Schachtel Kresse
1 geräuchertes Forellenfilet
1 EL Crème fraîche
1 TL Meerrettich
1 mittelgroßer Apfel
1/2 kleiner Rettich
1 TL Zitronensaft
Frisch gemahlener Pfeffer
Salz
Eine Prise Zucker
1 TL Pflanzenöl

ZUBEREITUNG

Vollkornbrot mit Margarine bestreichen, mit Kresse bestreuen und das Forellenfilet darauf anrichten. Crème fraîche mit Meerrettich verrühren und das Brot damit dekorieren.

Apfel waschen, vierteln, vom Kerngehäuse befreien und in hauchdünne Scheiben schneiden. Rettich schälen, grob raspeln und mit den Apfelscheiben vermengen. Aus Zitronensaft, den Gewürzen und Öl eine Marinade rühren und unter den Salat heben.

Nährwert
kcal/kJ: 366/1537
E 14 g, F 14 g, KH 41 g
Kalium 795 mg

Samstag

ÜPPIGES FRÜCHTEMÜSLI

FRÜHSTÜCK

ZUTATEN

1 kleine Orange
1 kleiner Apfel
10 Weintrauben
2 gehäufte EL kernige Haferflocken
1 EL geschrotete Leinsamen
1 Becher Magerjoghurt (150 g)
1 EL Honig

ZUBEREITUNG

Orange schälen und in mundgerechte Stücke schneiden. Apfel waschen, vierteln, vom Kerngehäuse befreien und in dünne Scheiben schneiden. Weintrauben waschen. Obst mit Haferflocken und Leinsamen in einer kleinen Schüssel vermengen und Joghurt und Honig darübergeben.

Nährwert
kcal/kJ: 372/1562
E 19 g, F 9 g, KH 87 g
Eisen 4,7 mg

BIRNE MIT GORGONZOLA-CREME

ZWISCHENMAHLZEIT

ZUTATEN

1 kleine Birne
1 EL Magerquark
30 g Gorgonzola
etwas Wasser
Salz
Pfeffer
1 TL gehackte Petersilie

ZUBEREITUNG

Birne waschen, halbieren und vom Kerngehäuse befreien. Quark mit einer Gabel zerdrückten Gorgonzola und etwas Wasser glattrühren und abschmecken. Käsecreme in die Birnenhälften füllen und mit Petersilie bestreut servieren.

Nährwert
kcal/kJ: 208/874
E 10 g, F 11 g, KH 18 g
Vitamin A 0,2 mg

HIRSE MIT BUNTEM GEMÜSE

MITTAGESSEN

ZUTATEN

50 g Hirse
Salz
1 Zwiebel
1 kleine Zucchini
1 kleine gelbe Paprikaschote
250 g Tomaten
1 EL Pflanzenöl
Ggf. etwas Gemüsebrühe
Pfeffer
Paprikapulver
2 EL saure Sahne

ZUBEREITUNG

Hirse mit einer knappen Tasse Salzwasser aufkochen und zugedeckt bei niedriger Hitze 20 Minuten quellen lassen. In der Zwischenzeit das Gemüse putzen: Zwiebel würfeln, Zucchini in Scheiben schneiden, Paprikaschote grob würfeln und die Tomaten häuten und würfeln.

Öl in einer beschichteten Pfanne erhitzen und die Zwiebelwürfel darin glasig dünsten. Restliches Gemüse zugeben und 10 Minuten bei mittlerer Hitze dünsten. Eventuell etwas Gemüsebrühe angießen. Abschmecken, vom Herd nehmen und kurz vor dem Servieren die saure Sahne unterrühren. Zu der Hirse servieren.

Nährwert
kcal/kJ: 445/1869
E 12 g, F 15 g, KH 61 g
B 15,5 g

PUMPERNICKEL-SNACK

ZWISCHENMAHLZEIT

ZUTATEN
1 Scheibe Pumpernickel
1/2 TL Senf
1 Salatblatt
1 Scheibe Corned beef
1/2 Schachtel Kresse
1 Bund Radieschen

ZUBEREITUNG

Pumpernickel mit Senf bestreichen und mit einem gewaschenen Salatblatt belegen. Darauf das Corned beef anrichten und mit Kresse bestreuen. Dazu gibt es knackige Radieschen.

Nährwert
kcal/kJ: 125/525
E 9 g, F 2 g, KH 17 g
Eisen 2,6 mg

FELDSALAT MIT HÄHNCHEN-LEBER

ABENDESSEN

ZUTATEN
80 g Feldsalat
100 g Cherry-Tomaten
2 Scheiben Vollkorntoast
2 EL Pflanzenöl
Salz
Pfeffer
Etwas Mehl
50 g Hähnchenleber
1 TL Essig (z. B. Balsam- oder Sherryessig)

ZUBEREITUNG

Feldsalat putzen, gründlich waschen und zusammen mit den gewaschenen und halbierten Cherry-Tomaten auf einem flachen Teller anrichten. 1 Scheibe Toastbrot würfeln, in einer beschichteten Pfanne anrösten und über dem Salat verteilen. 1 EL Öl in der Pfanne erhitzen und die mit Salz und Pfeffer gewürzte und in Mehl gewendete Leber darin von jeder Seite ca.

2 Minuten braten. In Scheiben schneiden und auf dem Salat anrichten. Aus Essig, Salz, Pfeffer und 1 EL Öl eine Marinade rühren und über den Salat geben.

Nährwert
kcal/kJ: 371/1558
E 16 g, F 23 g, KH 22 g
Vitamin A 1,3 mg

Nährwert gesamt (Samstag)
kcal/kJ: 1521/6388
E 66 g, F 60 g, KH 205 g, B 29 g
Kalium 3724 mg
Eisen 22,6 mg
Vitamin C 418 mg
Vitamin A 2 mg

Sonntag

MUNTER-MACHER-FRÜHSTÜCK

FRÜHSTÜCK

ZUTATEN
1/4 Honigmelone
2 Scheiben Parmaschinken
1 Vollkornbrötchen
1 TL Diät-Pflanzenmargarine
1 TL Konfitüre
1 EL Hüttenkäse
1 TL gehackter Dill
3 Scheiben Salatgurke
100 ml Orangensaft (ungesüßt oder frisch gepreßt)

ZUBEREITUNG
Honigmelone in zwei Spalten schneiden und mit dem Schinken anrichten. Brötchen halbieren. Die eine Hälfte mit Margarine und Konfitüre, die andere Hälfte mit Hüttenkäse bestreichen. Gurkenscheiben auf dem Frischkäse-Brötchen anrichten und mit Dill bestreuen. Dazu gibt es ein kleines Glas Orangensaft.

Nährwert
kcal/kJ: 369/1550
E 13 g, F 13 g, KH 39 g
Vitamin C 102 mg

EXOTISCHER OBSTSALAT

ZWISCHENMAHLZEIT

ZUTATEN
1 kleine Orange
1 Kiwi
2 getrocknete Datteln
5 Weintrauben
Zitronensaft
Flüssiger Süßstoff

ZUBEREITUNG

Orange und Kiwi schälen und in mundgerechte Stücke schneiden. Datteln entkernen und in Streifen schneiden, Weintrauben waschen und halbieren. Alles miteinander vermengen, mit Zitronensaft abschmecken und nach Wunsch leicht süßen.

Nährwert
kcal/kJ: 154/649
E 2,3 g, F 0,5 g, KH 36 g
Vitamin C 125 mg

KARTOFFELGRATIN MIT BROKKOLI

MITTAGESSEN

ZUTATEN
2 mittelgroße Kartoffeln
200 g Brokkoli

Salz
125 ml Magermilch
1 Ecke Schmelzkäse (20 % F.)
Zitronensaft
Pfeffer
geriebene Muskatnuß
1 Eiweiß (Gew.Kl. 4)
1 TL Butter
1 EL Mandelblättchen

ZUBEREITUNG

Kartoffeln schälen und in dünne Scheiben schneiden. Brokkoli waschen, putzen und in mundgerechte Stücke teilen. Getrennt in kochendem Salzwasser je zwei Minuten blanchieren. Milch in einem Topf erhitzen und den Käse darin unter Rühren schmelzen lassen. Mit einem Spritzer Zitronensaft, Salz, Pfeffer und geriebener Muskatnuß abschmecken. Eiweiß mit einer Prise Salz steif schlagen und unter die Sauce heben. Eine Auflaufform mit einem Stich Butter ausfetten, Kartoffelscheiben und Brokkoliröschen darin anrichten. Käsesauce darübergeben und mit Mandelblättchen bestreuen. Die restliche Butter in kleinen Flöckchen auf dem Gratin verteilen. Im vorgeheizten Backofen bei 200 Grad C 10–15 Minuten überbacken.

Nährwert
kcal/kJ: 462/1940
E 24 g, F 8 g, KH 48 g
Vitamin A 760 µg

HONIG-GRAPEFRUIT

ZWISCHENMAHLZEIT

ZUTATEN
1 TL Honig
1/2 Grapefruit
3 Vollkorn-Butterkekse

ZUBEREITUNG

Honig auf die Grapefruithälfte geben. Dazu kernige Butterkekse reichen.

Nährwert
kcal/kJ: 178/748
E 4 g, F 2 g, KH 36 g
Vitamin C 16 mg

VOLLKORN-SPAGHETTI MIT KRABBEN-DILL-RAHM

ABENDESSEN

ZUTATEN

50 g Krabbenfleisch
1 TL Zitronensaft
1 zerdrückte Knoblauchzehe
2 TL gehackter Dill
60 g Vollkornspaghetti
Salz
2 TL Olivenöl
2 EL Fischfond (Fertigprodukt)
Etwas Weißwein
Pfeffer
1 EL Crème fraîche
Eine Handvoll Blattsalat
1 mittelgroße Tomate
1 kleine Zwiebel
1 TL Balsam- oder Rotweinessig
Einige Blättchen Basilikum

ZUBEREITUNG

Krabben mit Zitronensaft, Knoblauch und 1 TL Dill ca. 10 Minuten marinieren. Spaghetti in kochendem Salzwasser bißfest garen. In der Zwischenzeit 1 TL Öl in einer beschichteten Pfanne erhitzen, die Krabben hineingeben und kurz anbraten. Krabben herausnehmen. Den Bratensatz mit Fischfond lösen, Crème fraîche unterrühren und mit Weißwein, Pfeffer und Salz abschmecken. Krabben in die Sauce geben und den restlichen Dill zufügen. Warm stellen. Salat waschen und in mundgerechte Stücke zupfen, Tomate waschen, Stielansatz entfernen und in Scheiben schneiden. Alles auf einem kleinen Teller anrichten. Aus der feingewürfelten Zwiebel, Essig, 1 TL Öl, Salz und Pfeffer eine Sauce rühren, über den Salat geben und mit einigen Basilikumblättchen garnieren. Nudeln abgießen und mit der Krabben-Dill-Creme servieren.

Nährwert
kcal/kJ: 398/1671
E 29 g, F 15 g, KH 46 g, B 8,5g

Nährwert gesamt (Sonntag)
kcal/kJ: 1561/6556
E 72 g, F 38 g, KH 205 g, B 26 g
Kalium 4054 mg
Eisen 12,75 mg
Vitamin C 522 mg
Vitamin A 1,3 mg

Quellennachweis

1. Brigitte Dossier: *Die Haut.* 14/1991, S. 100–105.

2. Pischinger, A., u. H. Heine: *Das System der Grundregulation.* Heidelberg [6]1988.

3. Stoss, W.: *Diagnose. Die verschiedenen Hautbilder in der Kosmetikpraxis.* Forum Kosmetik-Praxis Nr. 4, 1989, S.90.

4. Weybrecht, H., u. L. Enderlein: *Kosmetik heute. Grundriß der theoretischen und praktischen Kosmetik.* Stuttgart [5]1980, S. 72.

5. Vartabedian, R. E.: *Nutripoints.* München 1990.

6. Scholz, H.: *Mineralstoffe und Spurenelemente – nötig für unsere Gesundheit.* Stuttgart [2]1985, S. 138.

7. Morshes, B.: *Anorganische Chemie der Haut.* In: Günter, W. Korting (Hrsg.): *Dermatologie in Praxis und Klinik. Allgemeine Dermatologie.* Bd. I, Stuttgart 1980, S. 312.

8. Elmadfa, I., u. C. Leitzmann: *Ernährung des Menschen.* Stuttgart [2]1990 , S. 220.

9. Scholz, H.: *Aktuelles über die Kieselsäure.* In: Naturheilpraxis 1976, Heft 11, o. S.

10. Deutsche Gesellschaft für Ernährung (Hrsg.): *Empfehlungen für die Nährstoffzufuhr.* Frankfurt/M. [5]1991, S. 77 u. 78.

11. Geller, L.: *Haar und Vitamine.* In: Kosmetik international 1986, Heft 6, S. 11.

12. Braun-Falco, O., Plewig, G. u. H. H. Wolff: *Dermatologie und Venerologie.* Berlin [3]1984 , S. 812.

13. PTA Dialog: *Hyperkeratosen, Rhagaden und Pellagra: Die Haut als Spiegelbild von Vitamin- und Mineralstoffmangel.* 1989, Heft 4, S. 9.

14. Warning, H., Schwartz, G. u. W.: *Das Gesundheitsbuch der Familie.* Ottweiler 1983.

15. Rauch, E.: *Die Darmreinigung nach Dr. F. X. Mayr.* Heidelberg [37]1987, S. 29 u. 30.

16. Gergely, S.: *Diät – aber wie?* München 1984.

17. Buchinger, O.: *Das Heilfasten und seine Methoden als biologischer Weg.* Stuttgart [20]1982 , S. 80 u. 81.

18. Leibold, G.: *Heilfasten.* Niedernhausen 1986, S. 23 u. 24.

19. Lützner, H.: *Wie neugeboren durch Fasten.* München [18]1986 , S. 51.

20. Lange-Ernst, M. - E.: *Heilfasten.* München 1981.

21. Schroth, R.: *Die echte Schroth-Kur.* Niedernhausen 1986, S. 26.

22. Ernährungs- und Vitamin-Information (Hrsg.): *Pfundige Verluste auch für essentielle Nährstoffe.* In: Fachinformation Vitamine. Frankfurt/M. 1987, S. 31 u. 32.

23. Koerber, v. K., Männle, T., u. C. Leitzmann: *Vollwert-Ernährung.* Heidelberg 1985.

24. Renzenbrink, U.: *Diät bei Allergie.* Bad Liebenzell 1987, S. 12, 33 u. 34.

25. Goetz, R.: *Andere Ernährung. Ein Führer durch die alternativen Kostformen.* Schaafheim 1988, S. 87–89.

26. Rubinstein, H.: *Das Geheimnis schön zu sein.* Bern, München 1966.

27. Fonda, J.: *Die selbstbewußte, attraktive Frau.* Zürich 1986.